El
dia

en que
cambia
su vida

LIBROS DE SABIDURÍA POR JIM ROHN

El poder de la ambición

El arte de vivir excepcionalmente

Tome las riendas de su vida

El día que cambia su vida

cómo una decisión puede

moldear su destino

El

día

en que

cambia

su vida

JIM ROHN

Una publicación oficial de Nightingale-Conant

Publicado y distribuido por:
SOUND WISDOM
Apartado de correos 310
Shippensburg, PA 17257-0310
717-530-2122

info@soundwisdom.com

www.soundwisdom.com

Aunque se ha procurado verificar la información contenida en esta publicación, ni el autor ni el editor asumen responsabilidad alguna por errores, inexactitudes u omisiones. Aunque esta publicación está repleta de información útil y práctica, no pretende ser un asesoramiento jurídico o contable. Se aconseja a todos los lectores que busquen abogados y contables competentes para seguir las leyes y reglamentos que puedan aplicarse a situaciones específicas. El lector de esta publicación asume la responsabilidad del uso de la información. El autor y el editor no asumen responsabilidad alguna en nombre del lector de esta publicación.

ISBN 13 TP: 978-1-64095-554-7

ISBN 13 eBook: 978-1-64095-555-4

Para distribución mundial, impreso en EE. UU.

1 2024

CONTENIDO

PRÓLOGO

Hay un día, aparentemente como cualquier otro, en el que todo cambia. Es el día en que decide de una vez por todas emprender un nuevo camino hacia las metas que, hasta ese fatídico día, sólo habían sido sueños nebulosos. Es el día en que dice: *Estoy harto de vivir enfermo, tener una cuenta bancaria vacía y muchas promesas incumplidas.* Cuando de repente le invade la determinación de hacer lo que sea necesario para vivir, por fin, la vida que sabe que es capaz de vivir.

Es el día en que le invade la conciencia de que el tiempo es oro y de que cada día que pasa es como soltar un globo de helio. En pocos segundos será un recuerdo lejano que nunca volveremos a ver. Es el día en que decide aprovechar cada momento precioso y hacer que cuente.

Es el día que cambia su vida.

A la temprana edad de 25 años, Jim Rohn, maestro motivador y filósofo de los negocios, conoció a su mentor, Earl Shoaff, quien le presentó una oportunidad de negocio única en el mundo del mercadeo en redes. El Sr. Shoaff no sólo enseñó a Jim a construir un negocio extraordinario, sino que también le enseñó a construir una vida extraordinaria.

Jim utilizó las lecciones que aprendió para pasar de una vida de rendimiento mediocre, sueños rotos y una cuenta bancaria vacía a niveles increíbles de riqueza, tanto tangible como intangible, a sus 31 años, y su clásica sabiduría le ayudará a hacer lo mismo a usted. Jim Rohn comparte ideas de una forma que nunca había escuchado al hablar de los sencillos pero dramáticos acontecimientos del día que cambió su vida.

Aunque los días que cambian la vida pueden ser tan radicales como cuando se toma la decisión de no volver a tocar una gota de alcohol o tan simples como aportar dinero a una caridad, todos tienen algo en común: implican una batalla interna, una que hay que ganar.

Como dice el autor, para ganar la batalla en su propia mente debe confiar en la ley de los promedios, en que las circunstancias trabajarán a su favor y que sus esfuerzos por cambiar se verán recompensados. Bueno, hay un viejo dicho que dice que si no puede encontrar las circunstancias que desea, tendrá que crearlas usted mismo.

Jim amplía esta idea mostrándole cómo ir más allá de la mera fe para comenzar el proceso de cambiar cualquier área de su vida.

La clave está en empezar.

Corporación Nightingale-Conant

1

PONIENDO SU VIDA EN ORDEN

Un día conocí a una joven empresaria de mucho éxito en Nueva York. Era la vicepresidenta de la empresa, aunque nunca terminó el bachillerato. Interesado por su historia, le pregunté que cómo había llegado hasta ahí, pues no era un negocio sencillo y ella ni siquiera tenía una carrera universitaria.

—Bueno, déjame que te cuente parte de la historia—me dijo—. Un día, hace ya muchos años, le pedí diez dólares a mi marido y el me preguntó para qué los quería. En ese momento me prometí a mí misma que nunca volvería a pedirle dinero a nadie.

«Sí, soy la vicepresidenta, gano mucho dinero, soy joven y no me gradué de la escuela secundaria, y créame Sr. Rohn, nunca he vuelto a pedir dinero.

«Empecé a buscar una oportunidad, la encontré, empecé a tomar algunas clases, aprendí las habilidades necesarias y eso cambió totalmente mi vida.

Estoy seguro de que ella diría que ese fue el día que cambió su vida.

Creo firmemente en el dicho: *no hay nada tan poderoso como una idea que llega en el momento oportuno.*

Yo siempre rezo una pequeña oración antes de hablar ante el público: *espero que hoy sea uno de esos momentos para muchos de los presentes,* y rezo lo mismo por usted, querido lector. Nunca sé cuándo soy la primera voz que despierta una búsqueda de habilidades o disciplinas para una vida mejor. Puede que yo sea una de las muchas voces que ha escuchado antes, pero puede que al leer este libro finalmente sea el momento adecuado y nunca vuelva a ser el mismo.

A veces una experiencia encantadora, o incluso una muy trágica, puede ser la que lo cambia todo. Para mí, fue la chica exploradora que llamó a mi puerta cuando tenía 25 años y me hizo una gran presentación sobre las galletas que quería que comprara. Me dijo con una gran sonrisa:

—Son sólo dos dólares, y tengo de varios sabores.

Yo quería comprarlas, pero el gran problema era que no tenía dos dólares en el bolsillo, y me rehusaba a decírselo.

En ese entonces yo tenía 25 años, era un hombre hecho y derecho que había ido un año a la universidad e incluso tenía una pequeña familia. Sin embargo, decidí que lo mejor que podía hacer era mentirle.

Le dije:

—Mira, la verdad es que ya tengo un montón de galletas de las chicas exploradoras. He comprado varias cajas y todavía no nos las hemos comido todas.

—¡Vaya! Eso es fantástico, muchas gracias— respondió ella, y se marchó.

Fue en ese momento en el que decidí que no quería seguir viviendo así. No podía caer más bajo... ¿Mentirle a una niña exploradora? Era de lo peor, así que me prometí que no volvería a suceder. Ese fue el día que cambió mi vida. Reconociendo que no estaba en una buena posición, empecé mi búsqueda para poner mi vida en orden.

Vamos a poner otro ejemplo. Un tipo sube unas cuarenta escaleras y cuando llega se siente agotado y sin aliento, percatándose de que su condición física no es la mejor. Decide que debe mejorar su situación y que no volverá a quedarse sin aliento. Puede ser algo así de simple, empieza un pequeño programa de investigación y decide poner su salud en orden, desarrollar un buen programa nutricional, y hacer ejercicio y ese día cambia su vida.

Un día, mientras se tomaba una copa en el club náutico, mi amigo David consideró seriamente su vida. Se preguntó qué podría haber hecho realmente si no hubiera estado en esas condiciones los últimos quince o veinte años de su vida. No era un alcohólico declarado, pero bebía demasiado, y empezó a pensar en lo que podría haber logrado si no hubiera pasado la mayor parte de sus días en un estupor alcohólico.

No estaba tan mal como para no poder trabajar, pero ese día, cuando pensó en lo que podría haber hecho si no hubiera ido dando tumbos todos esos años, decidió cambiar.

Desde aquel día no volvió a beber alcohol, y aunque murió unos cinco años después, su mujer afirmó que esos últimos años fueron los mejores de su matrimonio.

El día que se preguntó qué habría hecho todos esos años si no hubiera estado bebiendo, fue muy especial para él. A veces es un acontecimiento catastrófico, a veces no. ¿Quién puede explicarlo realmente? Supongo que sólo la persona a la que le ocurre puede explicar realmente qué motivó la voz interior que advierte que va en mal camino y qué sucedería si cambiara la forma en que hace las cosas.

LO CORRECTO FRENTE A LO INCORRECTO

Vivimos en un mundo en el que los opuestos entran en conflicto, y nosotros estamos en medio. Existe la atracción por hacer el bien, y la atracción por hacer el mal, por hacer lo correcto y la atracción por cruzar la línea. Esa guerra se libra a diario en nuestra cabeza, en nuestra conciencia. Cuando era pequeño, recuerdo un dibujo animado de un niño con un diablillo en un hombro y un angelito en el otro. El diablillo le decía al niño que hiciera la travesura, mientras que el ángel le insistía en que se comportara bien.

Supongo que forma parte de la experiencia vital de todos, es parte de la aventura. El viejo profeta dijo: «Ama el bien y odia el mal». Si nos educamos de esa manera, sabiendo diferenciar entre el camino correcto y el incorrecto, tomamos mejores decisiones.

Cuando me he levantado esta mañana, una vocecita me ha dicho: «Hoy no tienes que hacer los ejercicios. Puedes saltártelo. Tienes trabajo que hacer». Llegué a eso de la una de la mañana en mi vuelo desde Colorado Springs y lo primero que me dijo esa vocecita fue: «No tienes que hacerlos esta mañana, estás cansado». Pero sé que si pospongo un día, seguro que será el principio de una pendiente resbaladiza que me llevará a no hacer más ejercicio. Para compensar el retraso y la falta de sueño, opté por hacer una versión modificada de mi rutina de ejercicios. Si no tengo tiempo suficiente, hago aunque sea algo. Todo con tal de no dejar ganar al diablillo.

Todos tenemos que tomar decisiones sobre lo que está bien y lo que está mal, tenemos que elegir a qué voz escuchar. Supongo que parte de la respuesta es no convertirse en víctima de uno mismo, mientras nos cuidamos del ladrón de la calle, también debemos cuidarnos del ladrón de nuestra mente que va detrás de nuestras promesas.

El ladronzuelo en tu cabeza que dice: "Eres demasiado alto, eres demasiado bajo, nunca lo has hecho antes, no te va a pasar a ti. Otros pueden encontrar este libro, tú no. Si lo encontraras, probablemente no lo leerías. Si lo leyeras, probablemente no lo entenderías". Esta es una guerra común que se libra dentro de nuestra cabeza, y todos tenemos que lidiar con ella.

LA GRAN AVENTURA

Yo le llamo a estas experiencias "las grandes aventuras". Parece como si Dios hubiera diseñado la vida humana y su propia existencia agregando un poco de aventura a la mezcla. Por ejemplo, según el narrador, Dios creó a todos los ángeles tal vez porque no quería estar solo o buscaba una aventura para sí mismo. Entre ellos, eligió a uno, el más hermoso y famoso, para liderar a los demás: Lucifer. Este ángel, entonces, reúne a un tercio de los ángeles y desafía el trono de Dios. Sin embargo, su rebelión fracasa, y aunque el narrador nos brinda una visión de estos acontecimientos, deja muchos detalles a nuestra imaginación. Quizás, esto es justo lo que el narrador pretendía inspirar en nosotros.

Todo parece indicar que, al principio, e incluso antes del principio, a Dios le gustaba la aventura, pero supongo que, si lo reduces a algo muy simple, nos hace preguntarnos: *¿Sería posible ganar sin perder?* Casi todo el mundo responde que no. No parece posible ganar si no se puede perder. Debe haber una aventura para lograr la victoria o un triunfo, para vencer, para crear algo de valor. Se debe seguir luchando positivamente contra las fuerzas negativas, ¡eso es lo que crea la aventura!

Si tomara su balón de fútbol y fuera al estadio, lo colocara bajo su brazo y cruzara la línea de gol, ¿lo celebraríamos y lo consideraríamos una anotación? La respuesta es no. No es una anotación si no se enfrenta a los jugadores de 300 kilos que quieren aplastarle la cara contra el césped, esquivarlos y bailar entre los secundarios. Esa es la única manera en la que podemos decir que es una anotación, o incluso que ganó el campeonato. Los opuestos entran en conflicto en cualquier día u ocasión, y nosotros estamos en medio.

Hay una interesante historia bíblica que dice que había dos buenas personas cuya aventura comienza cuando una de ellas construye su casa sobre la roca y la otra sobre la arena. Incluso las buenas personas pueden tomar decisiones insensatas sobre el futuro y luego sufrir las consecuencias, sobre todo cuando llegan las tormentas.

Muchas no son una cuestión de moralidad, sino simplemente de ser descuidado o cuidadoso, o precavido en lugar de temerario. Es un reto interesante encontrar el equilibrio entre el bien y el mal durante nuestra gran aventura.

Si es demasiado precavido conduciendo por una autopista de doble sentido se preocupará constantemente tratando de prever si el auto va a permanecer o no en su lado de la línea, seguramente preferirá salirse de la carretera, esperar a que pase, volver a la carretera y continuar su viaje. Eso es ser demasiado precavido. Puede tardar dos o tres días en llegar a su destino, incluso cuando esté a tan sólo unos kilómetros de distancia.

Cuando el tráfico venga en su dirección en una autopista de doble sentido, debe confiar al menos en la ley de los promedios que dice: «Tengo bastantes posibilidades de llegar a mi destino, aunque no hay garantías de que uno entre mil de estos autos cruce la línea y me choque». Tenemos que ser precavidos, pero no demasiado. Tenemos que permitir que nuestras experiencias diarias nos lleven a un mes mejor, a un año mejor, a una vida mejor.

LA FE Y LA LEY DE LOS PROMEDIOS

El avión en el que viajaba se acercaba a nuestro destino y la azafata anunció: «Señoras y señores, ya han completado la parte más segura de su viaje. A partir de ahora, se pone peligroso. Abróchense el cinturón». Me pareció un anuncio interesante. Según las estadísticas, por los kilómetros recorridos, es la forma más segura de viajar.

Ahora es el momento de ser precavido, pero no excesiva ni obsesivamente precavido. Puede que sea más seguro acurrucarse en casa y quedarse ahí, pero no es práctico ni posible. Tiene que salir y participar en la vida y confiar en que hoy la ley de los promedios trabaje a su favor. Todos tenemos algo que hacer, así que debemos levantarnos y continuar.

¿Por qué iba el agricultor a poner el arado en la tierra en primavera si no tuviera la visión de la cosecha cuando llegue el otoño? ¿Es posible ver la cosecha terminada? La respuesta es sí. La vemos simplemente por la fe, que es la capacidad de ver cosas que todavía no existen, y es así como se logran. El día que cambie su vida es el día en que pueda ver, por fe, la mejor vida que le espera a la vuelta de la esquina.

Frase clave:
La fe es la capacidad de ver cosas que aún no existen.

¿Cómo es que se hizo este hotel en el que estamos? Alguien lo visualizó cuando el predio estaba vacío. Entonces, ¿es posible ver un hotel, una casa o una tienda cuando lo único que hay hoy es un predio vacío? La respuesta es sí, por supuesto.

Si alguien no puede ver el futuro en su mente, nunca se materializará en la realidad. Es posible ver cosas que aún no existen. Interesante, ¿verdad? Entonces, ¿cuándo debería empezar a construir su hotel? Esta es una buena pregunta para sus reflexiones filosóficas. ¿Cuándo debería empezar a construir su casa?

¿Cuándo debe empezar? He aquí la respuesta: en cuanto esté terminado. No empezará a construir la casa hasta que no haya terminado el proyecto en su mente. Lo planea todo, hasta el más mínimo detalle, y por fe, lo completará.

Si se pone a hilar ladrillos sin plan ni fe, y viene alguien y le pregunta qué hace, ¿cuál será su respuesta?

Usted simplemente respondería que está colocando ladrillos en fila, y entonces le preguntarán qué está construyendo, y no le quedará más que contestar la verdad: que no tienen ni idea.

Si tenemos fe en el resultado final, es posible terminar algo antes de empezarlo. De hecho, sería un poco insensato empezar hasta tenerlo terminado. Todos hemos escuchado el viejo refrán: "No cuente sus pollos antes de que salgan del cascarón". Pero no, en realidad tenemos la capacidad de contar nuestros pollos mucho antes de que salgan del cascarón porque tenemos fe. Utilizamos la ley de los promedios: de cada docena, de cada cien, de cada cincuenta, más de algunos saldrán del cascarón si se dan las circunstancias adecuadas.

VER EL FUTURO

Es posible ver el final antes de empezar. Empiece a ver hacia el futuro, hacia lo que le gustaría conseguir y hacia donde le gustaría ir, hacia la persona que le gustaría ser, y visualice una imagen clara del objetivo final. Véase a sí mismo allí, en posesión de su futuro.

Durante un tiempo trabajé con Bob Cummings, actor de cine y televisión, quien dijo: "Decide lo que quieres y luego actúa como si ya lo tuvieras". Como era actor, podía dar buenos consejos sobre interpretación, y yo le repito el consejo: "Decida lo que quiere y actúe como si ya fuera suyo".

La razón por la que podemos actuar y pensar que ya es nuestro es porque no sólo podemos prever los resultados finales, sino también el comienzo de hacerlo realidad. No empezamos hasta que está terminado, pero es posible terminar algo antes de empezarlo.

Los seres humanos somos la única forma de vida en la Tierra que tiene la increíble capacidad de cambiar el curso de nuestra vida. Ninguna otra forma de vida puede hacerlo. Todas las demás formas de vida, excepto los humanos, parecen funcionar simplemente por instinto en su código genético.

Por ejemplo, antes del invierno, el ganso vuela hacia el sur. Si le dijera al ganso: "Oye, este año sería mejor ir al oeste", haría caso omiso de ese consejo. No puede elegir ni escuchar consejos que contradigan su instinto y su código genético, aunque sean mejores. Tiene que obedecer a sus instintos inherentes.

No ocurre lo mismo con los seres humanos, que pueden cambiar el curso de sus vidas. Los seres humanos pueden vivir de una manera durante cinco años, romper ese guión y vivir un estilo de vida totalmente diferente los cinco años siguientes.

En mi caso, los seis primeros años de mi vida económica acabé arruinado, mientras que durante los segundos seis años, acabé rico. ¿Cómo lo hice? Descubrí que no era un ganso.

No tiene que vivir los próximos seis años como vivió los seis anteriores. Puede utilizar toda la información y todos los consejos, reparar todos sus errores y adoptar una filosofía nueva y refinada para que los próximos seis años sean totalmente diferentes a los anteriores. Ninguna otra forma de vida puede hacer algo así.

Si fuera un árbol, estaría estancado. Como árbol, si consumiera todo el alimento que hay a su alrededor y no pudiera cambiar de lugar, moriría, pero esa no es su realidad. Usted puede cambiar de lugar e ir al norte, al sur, al este, al oeste, vivir aquí un tiempo y por allá en otro momento, empapándose del "alimento" de una variedad de lugares, personas, carreras.

Frase clave: puede alterar en gran medida el curso de su vida.

DESTINO DISEÑADO

Está es siguiente nota para tomar en cuenta: dentro de cinco años, llegará... la cuestión es ¿a dónde? Este consejo es para la gente madura de ahora: si sigue con sus disciplinas actuales y mantiene su ritmo actual, ¿dónde estará dentro de cinco años? Es fácil decir: "Oiga, no he pensado en eso". En cinco años llegará a un destino bien o mal diseñado, esa será su elección.

Sin embargo, espero que no desee llegar a un destino no diseñado, porque podría acabar vistiendo lo que lleva hoy, conduciendo el mismo vehículo, viviendo donde no quiere vivir y probablemente haciendo lo que no quiere hacer, simplemente porque no diseñó un destino mejor para usted.

Frase clave:
es fácil tomar decisiones, tanto buenas como malas.

Después de tomar malas decisiones a una edad temprana, resulta más difícil tomar las decisiones correctas, es más difícil reparar nuestros errores y volver al buen camino. Si ha descuidado su salud durante 10 años, le aseguro que tardará más de 10 días en recuperarla.

Esta es la clave: si empieza pronto, ahora mismo, a tomar las decisiones correctas, se apoderará de la fortuna. Cuando empieza pronto, todas las fortunas están a su disposición: la promesa se cierne sobre usted y las probabilidades están a su favor.

Frase clave: empiece hoy a tomar decisiones para el futuro.

Sí, es posible hacer algunos cambios radicales empezando tarde en la vida y aun así llegar a su destino con algunos buenos tesoros. Sin embargo, cuando las personas piensan que no les queda mucho tiempo, no están dispuestas a hacer cambios drásticos. Creen que están demasiado cansadas y fatigadas, y algunos dicen: "Mira, no me queda mucho tiempo. De todas formas, no me va a pasar nada". Es fácil adoptar esa actitud, pero es una mala decisión. Estoy bastante seguro de que tiene al menos unos 5 a 10 años por delante.

Quizá tenga los próximos 20 o 30 años para reparar los errores del pasado y establecer nuevas disciplinas. Le digo que tomar buenas decisiones a lo largo de su viaje para llegar a un destino bien diseñado va a cambiarlo todo. Dentro de cinco años, deseo que llegue a un lugar de productividad que le hará sentir bien consigo mismo, un lugar que le dará honor y respeto e influencia para tocar a otras personas como no podría hacerlo hoy. ¿Dónde estará dentro de cinco años?

Frase clave: usted irá en la dirección en la que apunte su mirada.

Si empieza a diseñar algo, seguro que empezará a ir en la dirección hacia la que está viendo, porque se enfrentará a la dirección que diseñe.

LA DIRECCIÓN DETERMINA EL DESTINO

Es la dirección la que determina su destino, no la esperanza ni el deseo. No puede cambiar su destino de la noche a la mañana, lo que significa que tampoco puede llegar a un lugar diferente de un momento a otro, pero esto es lo que *puede* cambiar hoy y de la noche a la mañana: puede cambiar de *dirección*.

Es fascinante lo que puede hacer un pequeño cambio de dirección. Supongamos que tiene un trabajo cómodo, pero sin posibilidades de progresar. Si decide no cambiar de dirección, dentro de cinco años acabará en el mismo trabajo cómodo sin posibilidades de progresar, viendo pasar la vida.

Sin embargo, puede llegar a un nuevo destino si cambia de dirección. Tal vez eso signifique aprender una nueva habilidad, cambiar un comportamiento poco saludable o poner orden en su vida. Cuando toma las decisiones correctas, puede volver a la senda que conduce a una vida mucho más satisfactoria, emocionante y productiva.

Su vida dará un giro positivo y espectacular con sólo tomar unas cuantas decisiones sabias en cuanto a disciplina, aprendizaje, cambio de comportamiento, de hábitos y establecimiento de objetivos, áreas que quizá haya dejado a la deriva. De eso me di cuenta a los 25 años, así que cambié inmediatamente de rumbo y me dirigí en la dirección correcta, y en menos de siete años, era millonario. Cuando conocí a mi mentor, determiné mi destino.

UN MEJOR LUGAR

¿Dónde estaría si no hubiera cambiado de rumbo? De acuerdo, mis hijos probablemente no se estarían muriendo de hambre y quizá tendríamos un lugar donde vivir, pero la alegría de la productividad y la emoción de ser valioso para el mercado y estar más disponible para mi familia y mis amigos se me habría escapado si no hubiera cambiado de dirección.

Estoy muy agradecido de las circunstancias que se produjeron como resultado de las reparaciones necesarias en mi vida y la toma de decisiones sabias. A veces ni siquiera puedo imaginar la cadena de eventos, circunstancias y situaciones que ocurren para llevarnos a donde estamos en nuestro día a día.

Tuvo que pasar esto y esto y esta puerta tuvo que cerrarse y esta puerta tuvo que abrirse para que yo lograra lo que logré, e incluso para que usted esté leyendo este libro. Eso forma parte del misterio de la vida, y dejamos que sea un misterio. Ni siquiera intentamos descifrarlo, sólo decimos: "Vaya, es increíble".

Entonces, ¿cómo deberíamos influir colectiva e individualmente en la vida de los demás? Estudiando, aprendiendo, enseñando, dándonos la mano, intercambiando historias y otras cosas para ayudar a la gente y a nosotros mismos a hacer los cambios necesarios en el viaje hacia nuestro bien diseñado destino a través de una nueva y mejor dirección.

Adivine lo rápido que puede cambiar su salud comiendo una manzana al día. Mamá decía: "Comer a diario una manzana es cosa sana". Digamos que ha estado enfermo durante un tiempo y dice: "Ya está. Se acabó. Voy a empezar un programa de salud ahora mismo". No tiene que revolucionar completamente toda su vida, simplemente empiece con una manzana al día.

Se preguntará si es tan sencillo mejorar su salud, y la respuesta es sí. La clave está en *empezar*.

No es como cuando lee un libro sobre salud y llega a la mitad y le dice: "Querido lector, deje este libro a un lado, túmbese en el suelo y vea cuántas flexiones puede hacer. Ahora, si no ha hecho las flexiones, regale el libro de una buena vez, porque no está dispuesto a esforzarse por su salud". No, eso no es lo que le estoy animando a hacer. No tiene que cambiar radicalmente sus hábitos el primer día, puede coger impulso e ir haciendo cambios sobre la marcha. *Simplemente empiece*.

Cuando empieza a ir en una nueva dirección, la autoestima se acelera, lo que siente por usted mismo se acelera durante todo el camino. No hace falta mucho para que se sienta bien consigo mismo. De hecho, sólo con comprometerse a tomar una nueva dirección se sentirá mejor, así como comer una manzana al día será el comienzo de un programa de salud que le hará estar más sano dentro de 20 años.

Todo lo que tiene que hacer es morder esa primera manzana. No tiene que anunciarlo al mundo, pero mientras lo hace, repítase a usted mismo: "Este es el comienzo del desarrollo de un programa de salud que me hará estar sano, de forma que tendré vitalidad para hacer lo que quiera durante los próximos 30 años de mi vida". Y sentirá, además, como su autoestima se eleva hasta el cielo.

Ahora, cuando se coma la manzana del día siguiente, casi en éxtasis, dice: "¡Excelente! ¡voy por buen camino!".

¿Extasiado después de comer sólo dos manzanas? ¡Sí! No sólo lo hizo ayer, ¡lo ha vuelto a hacer hoy! Se lo está demostrando a usted mismo sin público, sin micrófonos, sin nada; sólo usted y su propio ser. Se ha convencido a sí mismo: "Voy en camino de convertirme en la persona más sana que he sido nunca, estoy empezando una nueva vida y este es el segundo día. Lo he hecho muy bien". Así de fácil es cambiar positivamente su vida. No necesita una visión dramática, sólo empezar algo, ya sea por la salud o por el aprendizaje o por lo que necesite hacer para encarrilarse hacia un futuro mejor.

Frase clave: de un pequeño paso hacia un gran cambio de dirección.

Contaré la historia de Lydia Colon, que empezó su negocio con un dólar. Cuando hizo su primera venta, no tenía ningún producto que entregar, así que tuvo que coger el dinero del cliente, ir a por el producto, volver, y entregárselo. "Cuando descubrí cómo hacerlo con éxito, mi ambición se disparó, y no fue al final del año de algún gran logro, sino simplemente al final de una lucha con ingenio para intentar averiguarlo. Le enseñé el folleto a la persona y quiso el producto, entonces le conté mi historia de por qué no lo tenía, pero que iría por él y se lo entregaría, y a cambio obtendría un pequeño beneficio" me dijo.

Ese fue el día que dio un vuelco a su vida. Tras descubrir el procedimiento, que probablemente no dura más de 30 o 40 minutos, su ambición se disparó y se dio cuenta de que podía hacerlo una y otra, y otra vez.

No hace falta un gran proyecto de un año de duración para que su ambición se dispare o arda su confianza, basta con que preste atención a los detalles. Piense en algo, use su ingenio y deje que su nivel de habilidad alcance la ambición que tenga en ese momento. Verá que todo cambia y su vida podrá adquirir una dimensión totalmente nueva.

El día que diga: "Voy a hacer un cambio en mi dieta para mejorar mi salud", su actitud también cambiará. El día que empiece con su primera manzana, su autoestima cambiará y podrás decir honestamente: "Estoy en buen camino. Nunca volveré a ser el mismo, ya no voy a recorrer el mismo camino de siempre, ahora voy por un nuevo camino". No hace falta mucho para cambiar de dirección. ¡Una manzana al día puede lograrlo! Haga algo sencillo: comprométase a hacerlo y diga: "Estoy haciendo los cambios necesarios para dar un giro a mi vida".

Un día le planteé una pregunta interesante a un grupo: "¿Podría un niño de ocho o nueve años comprar una botella de jabón por dos dólares y venderla por tres?". Todos estuvieron de acuerdo: "Sí, podría ir a la casa de al lado y decir: 'Señora Brown, tengo este jabón que usa mi mamá y dice que es el mejor. Le dará muy buenos resultados y sólo cuesta 3 dólares»".

La Sra. Brown responde que tiene mucho jabón, a lo que el chico responde que quiere ver cuántos tiene. A los niños no es necesario enseñarles sobre las ventas, ¿verdad? Me refiero a que son vendedores automáticos.

Todo el grupo estuvo de acuerdo en que un niño podía comprar una botella de jabón por dos dólares y luego venderla por tres. Ahora permítanme plantear otras preguntas interesantes: ¿Lo haría? Bueno, eso está por ver; incluso si pudiera, ¿lo haría? Y esa pregunta es cierta para todos nosotros. Todos podríamos, pero ¿lo haríamos?

Ahora la pregunta es, ¿debería hacerlo? Es un buen tema de debate. Todos coincidieron en que eliminamos si podría o no, y empezaron a hablar de si debería o no, o de si lo haría o no. Interesante, ¿verdad? No se trata de si se puede o no, sino de si se quiere o no y si debe o no.

Una persona de inteligencia media que viva en este increíble país puede llegar a ser económicamente independiente en un plazo de tiempo bastante razonable. La cuestión no es si puede o no, sino si quiere o no, y la gran pregunta es si deberían hacerlo o no.

Bueno, deberían si pudieran, pero esa no es una respuesta universal, o para todos. ¿O sí?

El proceso de cambio en la vida no es una cuestión de capacidad, sino de voluntad. Todo el mundo *puede*, pero no todo el mundo tomará la decisión de ser quien se distinga en la vida, de transformar su vida en la que imagina, una vida más allá de la media, de lo mediocre.

¿Está preparado para elegir el área de su vida en la que sabe que necesita tomar un nuevo camino? Ya sea mejorar su situación financiera, salud, relaciones familiares, carrera profesional, o lo que sea. Si tiene esa área en mente, el siguiente capítulo le dará los pasos para la transformación y reúne todo lo que se ha discutido hasta ahora.

Ahora aprenderá a hacer algo de la nada.

2

CÓMO HACER ALGO DE LA NADA

Se dice que un sembrador salió a sembrar su semilla; y, efectivamente, durante el día, la semilla cayó sobre la tierra. Algunas de las semillas cayeron en tierra buena y otras en tierra no tan buena, por lo tanto, algunas semillas se reprodujeron el 30%, otras el 60% y otras el 100%. Todos nosotros diríamos que así son las cosas, pero alguien podría opinar: "Si abonamos para enriquecer un poco el suelo, ¿no podrían las semillas que se reproducen el 30%, reproducirse el 60% o el 100%?". Bueno, tal vez sí, pero ¿proporcionará el sembrador el enriquecimiento necesario con el abono? Eso está por verse.

DE LA SEMILLA A LA VENTA

Puede que diga: "Las rebajas nunca me han atraído. No podría comprar una botella de jabón por dos dólares y venderla por tres". Pero ¿y si tuviera que mantener a su familia? "Bueno, probablemente podría ingeniármelas si tuviera que hacerlo". Es increíble lo fácil que resulta resolver problemas, ganar dinero y hacerlo mejor. Todo el mundo puede, pero no todo el mundo quiere. Yo lo llamo magia y misterio. La magia es que puede empezar desde abajo y llegar a la cima, y el misterio es ¿por qué no lo hace todo el mundo?

Viviendo en un país donde abundan las oportunidades, hay tantos ejemplos de lo que la ambición bien canalizada puede hacer, que a nadie le quedan excusas para no intentarlo. Es posible. Es posible empezar con un dólar y hacerse millonario y es posible empezar sin nada y llegar a ser algo.

Recientemente he estado estudiando un tema: cómo hacer algo de la nada. He aquí un resumen de lo que he estado estudiando.

En primer lugar, para hacer algo de la nada, hay que empezar por las ideas y la imaginación. Ahora bien, es difícil llamar nada a las ideas y a la imaginación. ¿Qué tan tangibles son las ideas y la imaginación? Es un misterio. Las ideas se pueden convertir en un hotel, en una empresa, o incluso en una cura milagrosa o una vacuna. Las ideas se pueden convertir en productos milagrosos, porque lo que imaginamos se convierte en ideas.

Una idea en sí misma no es tangible, no como una casa o un escritorio, pero para convertir lo intangible en algo, se empieza con ideas imaginativas. Interesante, ¿verdad? Ideas que se vuelven tan poderosas en su mente y su conciencia que le parecen reales incluso antes de volverse tangibles. Imaginaciones tan fuertes que nos pueden mostrar los resultados.

Cuando construí mi primera casa para mi familia en Idaho hace muchos años, antes de empezar la construcción, llevé a mis amigos y socios a la propiedad vacía y les di una vuelta por la casa. ¿Es eso posible? ¿Es posible llevar a alguien a visitar una casa imaginaria? La respuesta es sí, y yo decía: "Aquí es donde estará mi garaje para tres coches" y uno de mis amigos respondió: "Sí, en este garaje caben tres coches". Podría hacer realidad mi idea, hacerla vivir.

Luego, "dentro" de la casa, señalaba y decía: "Aquí está la chimenea de doble cara. Es de ladrillo por un lado y de piedra por el otro". Podía hacerlo real. Mientras caminábamos por el resto de la casa, les decía: "Aquí está la cocina con esta ventana sobre el fregadero", y ellos miraban por la ventana mientras yo los llevaba de paseo. Un día hice la casa tan real que uno de mis amigos se golpeó el codo con la chimenea. Era así de real.

Frase clave: imagine las posibilidades. Imagine que las posibilidades son posibles para usted.

Las ideas imaginativas no se pueden retener porque no son tangibles, pero pueden cobrar vida en nuestra mente y hacerse casi reales. El primer paso es imaginar las posibilidades. Haga de cada situación una experiencia de aprendizaje: absorba lo que oye y ve en los seminarios, en las clases, durante los sermones y los testimonios, cuando canta las letras de las canciones: la vida nos da ideas de todas las posibilidades que tenemos, todos los días. ¡Imagine eso! ¿no es maravilloso?

En segundo lugar, para convertir la nada en algo, debe creer que puede conseguir lo que imagina. Nos apoyamos en testimonios que dicen algo así como: "Si yo puedo hacerlo, usted también". ¡Créalo! Primero, imaginamos lo que es posible. Segundo, empezamos a creer que lo que es posible puede convertirse en una realidad para nosotros. En nuestra realidad.

También podemos creerlo por nuestros propios testimonios. Nuestros testimonios personales podrían ser: "Como lo hice una vez, puedo volver a hacerlo". Y "Si me pasó antes, bien podría volver a pasar". O "Porque lo hicimos el año pasado, podemos hacerlo este año". Esas afirmaciones son muy poderosas. No son sustancia real, aunque se acercan mucho a ellas, pero es como imaginar las posibilidades. Luego entramos a la etapa de creer que lo que imaginamos puede convertirse en nuestra realidad, y ese segundo paso es la *fe para creer*.

Se dice que "la fe es sustancia". Una palabra interesante que es la poderosa capacidad de creer en las posibilidades que pueden convertirse en realidad para usted si tiene la fe suficiente para creer que la fe es sustancia. La sustancia es una parte de lo real. Ahora no es real, no es el podio, pero es tan poderoso que está tan cerca de ser real. El escritor dijo: "La fe es un pedazo de, la sustancia de", y luego lo llamó evidencia, sustancia y evidencia. Es difícil llamar sustancia y evidencia a la nada pues no puede verse más que con el ojo interior.

No puede tomarla ni tocarla porque aún no es tangible, pero SI es posible convertirla, sobre todo en ideas e imaginación. Ahora bien, si cree que es posible para usted, esa sustancia y esa evidencia se vuelven tan poderosas que ahora pueden convertirse en realidad. El primer paso es imaginar lo que es posible, y el segundo paso es creer que lo que es posible, es posible para usted.

En tercer lugar, para convertir la nada en algo, el tercer paso es *ponerse a trabajar y hacerlo realidad*. Se pone a trabajar y construya un hotel, y ya construido, conviértalo en una empresa. Póngase a trabajar en ello y disfrute de buena salud, desarrolle un buen matrimonio y tome buenas decisiones. Haga que sus ideas sean tangibles y viables y dele vida a la posibilidad para que luego la construya.

Frase clave: la fe invertida en la actividad crea la realidad.

Esa es una capacidad muy poderosa que tenemos nosotros los humanos, y quería tomarme el tiempo de explicarles bien esa parte de cómo hacer algo de la nada antes de pasar a tantos otros temas importantes que aún nos faltan.

En cuarto lugar, se necesita una actividad disciplinada para hacer algo de la nada. La fe sin la actividad no sirve para nada, pero *la fe invertida en la actividad crea la realidad*.

Cuando lo entendí, supe que era posible crearme una carrera, tener buena salud y construir buenas relaciones. Supe que podía participar en la construcción de asociaciones, empresas y entidades que ayudarían y beneficiarían a otras personas, y que podía formar parte de todo ello. Sabía que podía hacerlo una vez que comprendiera esta fórmula.

Frase clave: apreciar las disciplinas que convierten la imaginación en realidad.

Esta es la última parte: *apreciar las disciplinas que convierten la imaginación en realidad,* porque sin las disciplinas, nada de lo que hemos dicho funcionará. La disciplina es la última pieza del proceso milagroso. Si, así es. La última pieza del proceso milagroso es hacer el trabajo necesario para lograr la buena salud, una excelente relación, o construir este hotel.

RECETA PARA LA NUEVA VIDA

En el primer capítulo aprendió sobre el inmenso poder que tiene un solo día para dar un giro a cualquier área de su vida, y descubrió que el viaje hacia un destino de vida completamente nuevo comienza con acciones sorprendentemente pequeñas mezcladas con la fe. En este capítulo nos volvemos mucho más específicos al esbozar los principales ingredientes de las emociones y filosofías que componen una receta llamada "una nueva vida".

Primero hablaremos de una emoción negativa que, si se canaliza adecuadamente, puede dar lugar a resultados increíblemente positivos. El asco es una emoción extremadamente negativa, pero...

Me imagino que recuerda mi pequeña historia de la niña exploradora cuando dije que no quería vivir más así. Ese fue un día traumático para mí, yo era un hombre adulto con una familia, y aunque no estaba en la indigencia, me retrasaba en el pago de mis facturas; y de vez en cuando recibía un aviso que decía: "Nos dijiste que el cheque estaba en el correo". Eran momentos embarazosos, sin duda, pero el día que le mentí a aquella niña fue el clímax, el acontecimiento que dio un vuelco a mi vida. Estaba disgustado, molesto y hasta decepcionado de mí mismo.

Cualquiera que sea la desagradable circunstancia a la que se enfrente, esa podría ser exactamente la que cambie su proceso de toma de decisiones para el resto de su vida. Algunas decisiones son graduales: toman la valiosa decisión de iniciar el proceso. Más tarde tomará la decisión de seguir tomando buenas decisiones que marquen una diferencia positiva y pensará: *"Me sentí bien y obtuve buenos resultados, así que debería continuar así"*.

A los 25 años, cuando realmente empecé a revolucionar, sobre todo mi vida económica, vi los primeros frutos de mis éxitos, que me durarían para toda la vida. Me di cuenta de que podía lograr grandes rendimientos de forma muy temprana, aunque no quiero decir de la noche a la mañana, pero sí al final de la primera semana, o al final del primer mes. Empecé una pequeña empresa a tiempo parcial y coseché grandes resultados. Todos tenemos estas mismas oportunidades.

Mi nueva receta de vida incluía mi decisión de leer libros, así que empecé un programa de lectura. Ahora tengo una de las mejores bibliotecas que he visto, además de que fue una decisión que me cambió la vida para siempre. Necesitamos un poco de ayuda, debemos asociarnos con los demás y recoger la sabiduría de los que ya tienen éxito aprendiendo de ellos.

CAMARADERÍA

Vamos a hacerlo es una de las frases más poderosas del mundo. Es poderoso decir *"voy a hacerlo"*, pero es aún más fuerte cuando decimos *"vamos a hacerlo"*. A veces, asociarse con alguien que piensa como usted le llevará más lejos y más rápido hacia su objetivo.

Por ejemplo, si quiere mejorar su salud, es maravilloso que piense: "¡Voy a hacerlo!". Pero sería aún mejor decirle a su pareja, amigo o compañero: "Hagámoslo juntos. Quedemos todos los martes y jueves por la mañana en el gimnasio y hagamos ejercicio durante una hora". O: "Quedemos para comer en Denny's una vez a la semana y hablemos de nuestro régimen de ejercicio. Podemos preguntarnos cómo nos va". Creo que es una forma muy valiosa de conseguir su objetivo: rendir cuentas a alguien da mejores resultados.

O qué tal: "Vamos a educarnos mejor. Yo leeré un libro en las próximas dos semanas y usted leerá otro y luego nos reuniremos para hablar de ambos libros. Vamos, ¡hagámoslo!". Puede que no lo haga usted solo, pero si tiene a alguien afín y comprometido con el plan, lo más probable es que lo cumpla. Una antigua frase dice: "Si dos o tres se ponen de acuerdo en un propósito común, nada es imposible".

La inspiración de la camaradería y el trabajo conjunto con otras personas marca una gran diferencia. En todas mis empresas de éxito han participado varias personas: dos, tres, cuatro, cinco o seis. Todos estábamos de acuerdo en "hacerlo", y esa es, definitivamente, una motivación muy poderosa. La determinación dice: "Lo haré o moriré en el intento. Seguiré hasta que vea resultados". La determinación está dispuesta a enfrentarse a lo desconocido, aunque a veces hay que hacer reajustes.

Es como plantar semillas de maíz en un acre de tierra que no produce cosecha el primer año. Usted puede volver a intentarlo al año siguiente porque está decidido a continuar, pero el segundo año tampoco hay cosecha. Ahora tiene que analizar el problema, aprender sobre él, consultar con expertos y tomar la decisión de hacer un ajuste. Tal vez el suelo no era propicio para el maíz, y en ese caso, otro cultivo podría tener éxito, o tal vez el problema era la semilla de maíz y entonces habría que reemplazarla por otra. Es de sabios aprender a hacer ajustes en su búsqueda.

AJUSTES FILOSÓFICOS

Tuve que hacer varios cambios filosóficos cuando decidí emprender un nuevo camino a los 25 años. Sin duda usted también lo hará, independientemente de su edad. Estas mismas filosofías también pueden marcar una gran diferencia en su vida.

Frase clave: los beneficios son mejores que los salarios.

Estas son algunas de las filosofías que cambiaron mi vida para siempre. Esta es la primera: *los beneficios son mejores que los salarios*. Cuando lo entendí, me hice rico. Nadie me enseñó esto en el instituto, y cuando fui a la universidad durante un año y medio, tampoco me lo enseñaron.

Los salarios son suficientes para vivir, lo que es normal. Sin embargo, los beneficios le hacen ganar una fortuna, y eso es más que bueno. Les enseñé esta realidad en Moscú, cuando daba clases sobre capitalismo. Los comunistas estaban equivocados porque enseñaban que el capitalismo era una gran empresa que oprimía a sus trabajadores, lo que era y sigue siendo una filosofía absolutamente ridícula. El comunismo enseñaba que el capital (los recursos financieros) pertenece al estado (gobierno), no al pueblo. Nosotros enseñamos que el capital pertenece al pueblo, no al estado.

Por supuesto, esa es la razón por la que pagamos impuestos, para ayudar a financiar las infraestructuras del país. Todos los capitalistas deberían pagar impuestos por el dinero que ganan al obtener beneficios de su empresa, negocio, sociedad, tienda de ropa, etc. Y déjeme decirle que no se necesita mucho para crear una empresa que genere beneficios.

Por ejemplo, enseño a los niños a tener dos bicicletas: una para montar y otra para alquilar. ¿Cuánto tiempo se tarda en hacer funcionar esta sencilla idea? ¿Cuánto se tarda en obtener beneficios? Con un poco de ingenio, en poco tiempo estarás en camino. Recuerda, los beneficios son mejores que los salarios.

El capitalismo es mejor que el comunismo, que afirma que "la gente es demasiado estúpida para saber qué hacer con el capital, por lo que hay que quitarle el capital a toda la gente tonta y estúpida y dárselo al estado (gobierno), porque el estado todo lo sabe y es omnisciente, y sabrá dirigirlo todo".

El comunismo ha devastado todos los países que ha tocado. He estado en lo que era Alemania Oriental, en donde se necesitó un billón de dólares sólo para limpiarla. Todos los países que ha tocado el comunismo -y he estado en todos ellos- han sido devastados económica y socialmente, y especialmente en lo que respecta a las libertades individuales. Es una filosofía devastadora.

Enseñamos que el capital debe estar en manos de la gente pues ahí es donde está el ingenio para llevar bienes y servicios al mercado. La nuestra es una filosofía increíble que abre las puertas a la innovación y a las oportunidades del libre mercado.

TIEMPO COMPLETO, TIEMPO PARCIAL

Cuando me reclutaron por primera vez como distribuidor de un producto llamado Abundavita, mi mentor, el Sr. Shoaff, me dijo: "Sr. Rohn, usted puede empezar este negocio milagroso a tiempo parcial. Si está dispuesto a empezar con 10, 12 o 15 horas a la semana, empezará a obtener beneficios y entonces podrá decir: 'Estoy trabajando a tiempo completo en mi trabajo y a tiempo parcial en mi fortuna', porque las ganancias conducen a la fortuna". Y de veras que me entusiasmó esa filosofía.

Encontré la manera no sólo de ganarme la vida, sino también de hacer fortuna. ¿Se imagina mi emoción cada mañana al levantarme e ir a trabajar en mi fortuna? No iba a trabajar sólo para pagar el alquiler, lo que me parecía maravilloso, sino que además, tenía la oportunidad de ir a trabajar para hacer mi fortuna. Pensaba: *"Ahora trabajo a tiempo parcial en mi fortuna y a tiempo completo en mi trabajo, pero no tardaré mucho en trabajar a tiempo completo en mi fortuna, y ya me imagino cómo será de maravillosa mi vida".*

Así que ese fue mi primer objetivo cuando empecé: quería igualar mis beneficios a tiempo parcial con lo que ganaba en mi trabajo a tiempo completo.

A esto se le llama la suerte del tiempo parcial. Para mí y para los demás fue emocionante empezar a trabajar en el negocio a tiempo parcial, porque nuestro trabajo se traducía en beneficios con bastante rapidez. Cuando me concentraba de verdad en esas 10, 12 o 15 horas semanales, no tardaba mucho en lograrlo.

Frase clave: lo que determina su futuro no es lo que ocurre, sino lo que HACE con respecto a lo que ocurre.

Si realmente lo hace bien y aprende algunas de las habilidades sobre las que va a leer más adelante, no pasará mucho tiempo antes de que pueda ganar tanto a tiempo parcial, trabajando en su fortuna, como a tiempo completo en su trabajo. Yo lo hice en menos de seis meses.

Mi segundo objetivo era *ganar el doble de dinero trabajando a tiempo parcial en mi fortuna del que ganaba trabajando a tiempo completo en mi empleo*, y lo conseguí en menos de un año. Si, leyeron bien. Mi plan era ganar el doble de dinero trabajando en mi fortuna a tiempo parcial de lo que ganaba a tiempo completo trabajando en mi empleo.

Cuando empecé a ganar el doble de dinero, no quise dejar mi trabajo a tiempo completo. ¿Por qué? Porque no quería renunciar a mi electrizante historia. Era tan poderosa que nadie podía resistirse a la invitación de al menos echar un vistazo a la oportunidad por sí misma. No quería renunciar a ella, así que aguanté tanto tiempo como pude.

Finalmente, a regañadientes, dejé mi trabajo a tiempo completo, y ya podrá imaginar mi emoción y excitación al ir a trabajar a tiempo completo en mi fortuna. Era una sensación increíble.

La siguiente filosofía que me ayudó a cambiar mi vida es la siguiente: *No es lo que ocurre lo que determina el futuro de su vida, sino lo que **hace** con lo que ocurre.*

Todos somos como pequeños veleros en el sentido de que no es el soplo del viento lo que determina nuestro destino, sino el despliegue de la vela. A todos nos soplan los mismos vientos: el viento del desastre, de la oportunidad, del cambio, y más. El viento es el mismo, tanto cuando nos resulta favorable como cuando nos es desfavorable. El viento económico, social o político sopla de la misma forma sobre todos nosotros.

La diferencia entre llegar dentro de un año, tres o cinco no es el viento, sino la vela, y en eso consiste el aprendizaje, en desplegar una vela mejor este año que el anterior. Debemos aprender a desplegar una vela mejor para el futuro.

Los seis primeros años de mi vida económica acabé arruinado, pero los segundos seis años acabé rico. Uno podría pensar que hubo un cambio de gobierno y eso favoreció el cambio, pero no. No fue un cambio político. Lo que cambió los segundos seis años de mi vida económica fue mi filosofía. Puse las velas de un mejor pensamiento, corregí los errores del pasado y aprendí nuevas disciplinas para el futuro. Eso es todo lo que tuve que hacer al final de los seis primeros años, y mi vida cambió por completo.

Los segundos seis años fueron totalmente distintos a los seis primeros de mi vida laboral. ¿Adivine quién puede hacer eso? Cualquiera. Pero si en los próximos dos años sigue por el mismo camino que en el pasado, no habrá ningún tipo de cambio. Sin embargo, si desea o necesita hacer algunos cambios, deje le digo que puede empezar a hacerlo hoy mismo, y los próximos dos años serán drásticamente diferentes a los anteriores. Cualquiera que desee hacerlo, puede hacerlo, y no importará su edad. Puede tanto a los 40 como a los 43, o entre los 13 y los 50, y también puede hacerlo de los 60 a los 72 años, o más.

Cualesquiera dos o cinco años que desee cambiar drásticamente de los anteriores, lo puede hacer. Ahora, esto no está escrito, no es una ley. Simplemente se llama, oportunidad, y puede cambiar su estilo de vida. Puede cambiar drásticamente sus ingresos, futuro, salud, matrimonio... en fin, puede cambiar todo lo que desee.

La mayoría de la gente sigue año tras año tras año en la mismidad del ayer. No están haciendo cambios simplemente porque no van a clases, no leen, nunca asisten a seminarios; en fin, nunca lograron el descubrimiento ni buscaron el conocimiento de cómo mejorar la vida.

Si sólo quiere pasarla bien, no pasa nada. Todos somos libres de vivir como queramos. Sin embargo, yo estoy aquí para decirle que es posible hacer que los próximos tres años sean totalmente diferentes a sus tres últimos, y todo lo que tiene que hacer es adoptar algunas nuevas filosofías. La primera es darse cuenta de que no es el soplo del viento lo que determina sus ingresos y su fortuna, sino cómo despliegue su vela.

LO QUE PASA, LE PASA A TODO EL MUNDO

Tengo algunas ideas que le ayudarán a encauzar las velas de su pensamiento y podrían multiplicar drásticamente sus beneficios en los próximos tres años. No es lo que pasa, porque lo que pasa, le pasa a todo el mundo.

Hace años, la compañía Chevron me contrató para darle una plática a la dirección. Me dijeron: "Sr. Rohn, usted viaja por todo el mundo y está bien informado, ¿cómo cree que vayan a ser los próximos diez años?".

Les dije: "Caballeros, puedo pronosticarlos, porque conozco del tema".

Todos se inclinaron hacia delante y escucharon atentamente.

Les dije: "Señores, los próximos diez años van a ser como los últimos diez".

¿Cuál es la siguiente estación después del otoño? El invierno. Les prometo que eso no va a cambiar. Y después del día, ¿qué sigue? La noche. Les prometo que eso no va a cambiar. Así que mi predicción de cómo van a ser los próximos diez años es que será una mezcla de oportunidad con dificultad, justo como ha sido durante los últimos siglos. A veces parece que hay más oportunidades que dificultades, y a veces parece que hay más dificultades que oportunidades, pero la mezcla no va a cambiar.

Por ejemplo, después de la expansión viene la recesión, y después de la recesión viene la expansión. Pensar que sería de otra manera es ingenuo. Una vez que tiene estas realidades asentadas en su mente, entonces sabe exactamente qué hacer para anticiparse, de modo que pueda estar preparado para lo que venga.

Frase clave: para que las cosas cambien, tiene que cambiar usted.

Deseaba que el gobierno, los impuestos y la economía cambiaran, y que mi jefe fuera más generoso. Deseaba, en resumen, que todo cambiara, y mi profesor me dijo: "No, señor Rohn, *para que las cosas cambien, es usted quien tiene que cambiar. No desee que sea más fácil, desee ser mejor".* Una vez que comprendí esta verdad, cambió el curso de mi vida.

No desee que la vida sea más fácil, desee ser mejor. Ésta es la más importante: no desee tener menos problemas, sino más habilidades. No desee menos retos, sino más sabiduría. Acepte los retos; no puede crecer sin retos y no puede hacerse rico sin ellos, pues sería como volar sin gravedad. Tiene que entender el reto, que es la clave para desarrollar la sabiduría para superarlo. No desee menos retos, sino más sabiduría.

Otra filosofía que ayudó a cambiar mi vida para siempre es la siguiente: *Puede hacer las cosas más notables, pase lo que pase.* Los seres humanos pueden hacer lo más extraordinario, pase lo que pase.

Para completar la receta que le cambiará la vida, hay algunos otros ingredientes fundamentales que pueden marcar la diferencia: curiosidad, una notable cualidad actitudinal y dos preguntas sinceras.

La curiosidad, el deseo de saber, empieza pronto en la vida, y es una buena cualidad que hay que mantener para siempre; hay que tener curiosidad por lo que ocurre. Tenga curiosidad por los seres humanos, por sus motivos y su comportamiento. Tenga curiosidad por usted mismo, por el gobierno, la política, la sociedad, la banca, el dinero, el ejército, la marina, los impuestos, y todo aquello que hace que las cosas funcionen. ¿Cómo funciona una ciudad? ¿Qué hace que funcione un gobierno? Recuerdo que hace años alguien dijo que Rusia podría conquistar China. Yo dije: "Si Rusia conquistara China,

¿qué diablos harían con ella?". Intente comprender cómo funciona el mundo.

Frase clave: intente comprender cómo funciona el mundo.

Recuerdo la primera vez que fui a Manhattan. Me quedé boquiabierto ante esta enorme ciudad, y todo tipo de preguntas inundaron mi mente: *¿Cómo funciona esta ciudad? ¿Cómo entra todo? ¿Cómo sale todo? ¿Cómo se alimenta todo el mundo?* Cuando comí una ensalada, me percaté de que la lechuga era fresca y pensé que era casi imposible haber logrado eso. Es un milagro cómo funciona la ciudad, y es un milagro cómo funciona el país. ¿Cómo funciona una economía? Que una ciudad de ese tamaño se mantenga estable es asombroso. Ser curioso es algo bueno, ¿no cree?

Si sigue en ese camino, sentirá curiosidad por sus relaciones con las demás personas sentadas a la mesa de conferencias y por saber cómo podría entrar en el círculo íntimo donde hablan de cosas increíbles que afectan a los negocios, el comercio, la sociedad y el mundo.

Creo que el ingrediente número uno es la curiosidad. Tony Robbins asistía a mis seminarios; tenía un apetito increíble e insaciable por aprender, lo que forma parte de la curiosidad. Tony llegó a ser multimillonario y a participar en más de 100 empresas con ventas combinadas de más de 7.000 millones de dólares anuales.[1]

Tener éxito significa querer saber, y leer libros forma parte de ello. Investigar, asistir a clase y tomar apuntes también forma parte de esto.

Otra actividad importante es poner inmediatamente en práctica el resultado de su curiosidad y sus conocimientos. No espere a saberlo todo, ponga en práctica lo que sabe ahora y deje que el resto se desarrolle y vaya revelándose por el camino. A modo de ejemplo, en una noche de niebla, si sólo puede ver 30 metros delante de usted, camine esos 30 metros y verá que ahora puede ver los siguientes 30 metros. Vaya paso a paso por la vida.

Estos cuatro ingredientes de la receta le iniciarán en el camino del éxito:

1. Curiosidad

2. Interés por el aprendizaje

3. Disposición a poner en práctica sus nuevos conocimientos

4. Disposición a aceptar críticas constructivas

Lo mejor es estar abierto a los consejos de los demás. Por ejemplo, si alguien dice: "Si añadieras esta afirmación en tu presentación, creo que te haría el doble de poderoso". La mejor respuesta a esa crítica constructiva sería: "Vaya, lo tendré en cuenta. Gracias". Por otro lado, cuando quiera ofrecer consejos, hay formas buenas y formas erróneas de hacerlo. En primer lugar, hay que reconocer lo que la gente ya está haciendo bien, lo que les motivará. A continuación, añada algunas sugerencias de perfeccionamiento, y ya está. La gente está dispuesta a aceptar ese tipo de análisis constructivo.

Dos ingredientes más en mi receta es hacer dos preguntas buenas y vitales que lleguen al fondo de lo que mueve a la gente, por así decirlo. La primera: ¿Qué le entusiasma? Segunda pregunta: ¿Qué le apasiona? Dos excelentes preguntas que invitan a la reflexión.

Hace años, poco después de conocer a mi mentor Earl Shoaff, descubrí lo que me tenía desanimado y me lo curé. Fue entonces cuando encontré suficientes razones para "prenderme" de nuevo, y desde ese día hasta hoy, nadie me ha dicho nunca: "¿Cuándo va a activarse? ¿Cuándo va a levantarse del sofá? ¿Cuándo va a empezar?". No he oído esas preguntas desde que tenía 25 años.

Una vez que prendí la llama del entusiasmo, nunca se ha vuelto a apagar. He pasado por muchos retos, de rico a pobre y de nuevo a rico; he pasado por todo, pero nadie me ha dicho: "Tiene que levantarse, sacudirse el polvo, y activarse de nuevo".

Cuando se encuentra cara a cara con el día que cambia su vida, sepa que esa es una de las grandes experiencias de su vida. Acumule suficientes razones que le entusiasmen y siga añadiendo más. Cuando lo haga, siempre tendrá suficiente vitalidad emocional y física y fuerza espiritual para seguir adelante y hacer que su vida sea lo mejor posible. Llegará lo más lejos posible y ganará todo lo que pueda.

Frase clave: haga que su vida sea lo mejor posible.

Compartirá todo lo que pueda y será todo lo que pueda para las personas que quiere y le importan. Vivirá tan bien como pueda, y cuando desarrolle esa sed y ese afán por lo mejor, querrá más para usted y para su familia.

Cuando sepa qué es lo que le desanima, libérese de ello. Tal vez sea una actitud negativa, un pensamiento desagradable o falta de entusiasmo. Tal vez sea el pensamiento catastrofista, *el mundo entero se va a la mierda de todos modos. ¿Por qué debería de importarme?* Si esa es su forma de pensar, le recomiendo que escuche un buen sermón o la letra de una canción que le levante el ánimo; quizá debería mantener una conversación con alguien de confianza que pueda ayudarle a cambiar una actitud negativa.

Recuerde que todo el mundo puede hacerlo. No todos lo harán, pero todos pueden, y no hay razón para que usted no pueda.

NOTA

1. A fecha de septiembre de 2023; véase el sitio web de Tony Robbins: https://www.tonyrobbins.com/?cjdata=MXxOfDB8WXww&AID=127 03194&PID=100357191&cjevent=d0463dbb5bb311ee816a3ad50a82b 832; consultado el 25 de septiembre de 2023.

3

LA VIDA EN EQUILIBRIO

Uno de los mayores errores que comete la gente cuando empieza un nuevo programa para cambiar cualquier aspecto de su vida es avanzar demasiado deprisa, sin la suficiente previsión. Es similar a intentar llegar a un destino subiéndose al coche y acelerando sin un mapa que le guíe. Si no tiene cuidado, no logrará llegar a ninguna parte.

Este libro pretende ayudarle a no cometer este grave error. En última instancia, si quiere cambiar su vida a una mejor, debe considerar detenidamente todos sus valores y garantizar la conservación de cada uno de ellos mientras persigue sus objetivos. En otras palabras, hacer una vida conscientemente, no sólo ganarse la vida.

Earl Shoaff compartió conmigo nuevas ideas que me cambiaron la vida, entre ellas:

- Los beneficios son mejores que los salarios. Esa afirmación me ayudó a hacerme rico.

- Esfuércese más en sí mismo que en su trabajo. Nunca había oído eso antes.

- El éxito es algo que atrae convirtiéndose en una persona atractiva. No es algo que se persigue.

Esas ideas revolucionaron mi vida y me entusiasmé muchísimo con la idea de tener éxito. Entonces supe que iba a ser rico y exitoso, pero creo que fui demasiado ambicioso. Algunas de las cosas que me propuse al principio me costaron demasiado y, si hubiera sabido lo que me iba a costar, no lo habría intentado.

A veces, cuando por fin conseguía "eso" o alcanzaba "esa" posición, miraba atrás y me decía: "Vaya, he gastado demasiado tiempo y demasiado dinero en esto. Dejé escapar algunos valores importantes y olvidé o calculé mal lo que iba a costarme". Así que ahora siempre miro al futuro y digo: "¿Qué es lo que realmente quiero, o necesito, y cuánto me va a costar?".

CONTEMPLAR Y TENER CUIDADO

Hay dos grandes palabras de la antigüedad que todo el mundo debería aprender: cuidado y atención. Una es positiva y la otra negativa. Atención es positiva, y cuidado es negativa.

Poner atención significa mirar, observar, llamar la atención. Ponga atención a las posibilidades, la oportunidad y el futuro y diséñelo. Ponga atención a todas las posibilidades que tiene de riqueza y felicidad. He aquí que ha llegado la primavera, el sol brilla y las sombras frías huyen, espantadas. Ponga atención, la próxima persona que conozca puede ser su amigo para toda la vida. He aquí que la próxima persona con la que hable podría ser su colega para siempre. *Atención* es una palabra positiva llena de posibilidades y oportunidades futuras.

Frase clave: contemple las posibilidades y las oportunidades. Tenga cuidado en lo que pueda convertirse al perseguir lo que quiere.

Cuidado significa desconfianza, estar en guardia. Cuidado con aquello en lo que se pueda convertir cuando persigue lo que quiere. Cuidado con una actitud negativa que contamina sus relaciones. Cuidado con las falsedades y el engaño oculto. Cuidado es una palabra negativa que llena de obstáculos la visión a las posibilidades y oportunidades futuras.

Frase clave: contemple las oportunidades y tenga cuidado con los peligros.

A lo largo de toda nuestra vida tenemos que lidiar con situaciones en las que tenemos que "poner atención y cuidarnos": aproveche las oportunidades y cuídese de los peligros.

Algunas cosas por las que aposté al principio me costaron demasiado. Me obsesioné tanto que finalmente, más tarde que temprano, descubrí que el precio era demasiado alto para pagarlo, y si lo hubiera sabido, nunca lo habría hecho. Si, a veces nos enteramos demasiado tarde, cuando el daño ya está hecho, así que les advierto que tengan cuidado y no se obsesionen tanto que pierdan el sentido común o les cueste (o sacrifiquen) la familia o los amigos. No se obsesione tanto que termine comprometiendo sus virtudes y valores.

La historia dice que Judas consiguió el dinero. ¿Es una historia de éxito? No, no lo es. Es cierto, 30 monedas de plata era una suma considerable de dinero, pero al final el coste fue demasiado alto, la culpa y la vergüenza le llevaron al suicidio. La mayor fuente de infelicidad proviene del interior. Una forma leve de infelicidad es constructiva e inevitable, y la forma desesperada de infelicidad es destructiva. Es similar a la preocupación. Todos deberíamos preocuparnos un poco, pero no dejar que nos destruya la vida.

Si está en Nueva York a punto de bajarse de la acera en el centro de Manhattan y se acerca un taxi, lo mejor es que se preocupe. Preocúpese lo suficiente como para retroceder hasta la acera, no sea que le atropellen. Sé precavido, no tenga demasiado miedo y preocúpese de que lo arrollen, y no de que la preocupación le destruya. La preocupación es como el odio. No necesita odiar su trabajo; guarde ese sentimiento para los asuntos importantes como la traición, los planes diabólicos, las mentiras, y cosas por el estilo. No necesita odiarlo todo diciendo: "Odio esto y odio aquello". Ese es un mal uso de su odio. Guárdelo para lo que realmente hay que odiar.

Judas se desesperó tanto que se ahorcó por lo que hizo, porque se convirtió en un traidor. Si Judas pudiera hablarnos, nos diría: "Cuidado en lo que puedan convertirse para conseguir lo que quieren. No se vendan, no vale la pena".

TOTALMENTE EQUILIBRADO

La vida totalmente equilibrada es importante, tanto para los adultos como para los niños; necesitamos un equilibrio entre el trabajo y el juego, el aprendizaje y el descanso. Esto es tan cierto para un empresario como para un vendedor, un médico, un agricultor o un pastor. Sea cual sea su carrera, es importante, incluso vital, encontrar ese equilibrio entre trabajar duro para que el trabajo se haga, pero también tomarse tiempo para descansar y refrescarse.

Antes trabajaba mucho y pensaba: *Vaya, debería tomarme un tiempo para llevar a mi familia a la playa y relajarme.* Luego llevaba a mi familia a la playa y en la playa pensaba: Vaya, *debería estar trabajando en la oficina.* Tiene que aprender a decir: "Cuando esté en la oficina, haré cosas de oficina, y cuando esté en la playa, haré cosas de familia". El equilibrio es importante en todos los aspectos de la vida.

Es importante mantener una buena salud, ¿verdad? El tema de las dietas ha sido verdaderamente extremoso. A lo largo de los años ha habido dietas altas en proteínas, bajas en carbohidratos, y hubo esta otra que decía: "los carbohidratos altos son la respuesta a todo", ¿verdad? Efectivamente, no lo era. Ahora por fin todo ha dado la vuelta y sabemos mucho más. Ahora llaman a esa dieta "alta en proteínas y baja en carbohidratos", pero también hay supresores del apetito, dietas de té verde, y todo lo demás. Séa un estudiante, no necesariamente un seguidor. Lea libros escritos por expertos en nutrición. Uno de ellos puede decir: "Si hace esto, vivirá para siempre", pero el segundo libro puede decir: "Si hace lo que dice fulanito en el primer libro, morirá joven". Me imagino que está preguntándose "entonces, ¿qué debo hacer? ¿Qué libro debo seguir?". Yo le aconsejo que lea varios y luego se decida. Usted conoce su cuerpo mejor que nadie. Sea un estudiante, no un seguidor.

INTERÉS PROPIO

La mejor manera que tengo de cuidarlo a usted es cuidarme a mí mismo. El mejor regalo que puedo hacerle es el regalo de mi desarrollo personal. Si me vuelvo diez veces más sabio, diez veces más fuerte y diez veces más capaz, piense en lo que eso supondrá para nuestra amistad.

La primera intención de interés propio es sobrevivir. Tengo una opinión interesante sobre las instrucciones dadas a la primera pareja, Adán y Eva, tras la experiencia del jardín. La primera instrucción es multiplicarse y la segunda instrucción dice que seamos fructíferos o productivos, lo que significa que tenemos que producir lo suficiente para sobrevivir. Si un hombre está solo y produce lo suficiente para sí mismo, eso se llama autocuidado, pero si quiere vivir una vida superior con una compañera o casarse, entonces deberá producir lo suficiente para él y su esposa.

Alguien podría pensar que no vale la pena trabajar tanto cuando puede cuidar de sí mismo y estar solo, y está bien. No es una cuestión moral. Es una cuestión de si desea vivir una vida superior, una vida mejor, y casi todo el mundo estaría de acuerdo en que una vida mejor es siempre una vida en pareja.

Entonces, ahora llega el reto de producir lo suficiente para dos en lugar de uno. Luego deciden tener hijos, y ahora el hombre debe pensar cómo producir lo suficiente para él y su familia: su mujer y sus hijos. Y la pregunta siempre es, ¿por qué hacerlo? ¿Por qué no permanecer solo y cuidar de uno mismo? He dicho que a esto se le llama autocuidado. Primero para sobrevivir, luego para vivir mejor, y él paga ese precio extra de producir más de lo que necesita para sí mismo para poder vivir una vida mejor. Entonces el siguiente reto, ¿es el final? La respuesta es no.

¿Por qué un hombre no pensaría ahora en formas de producir más de lo que necesita para él y su familia? Para vivir una vida mejor. Pero ¿por qué trabajar tanto? ¿por qué hacer eso? La respuesta: para ser generoso, lo que le facilitará una vida aún más elevada.

Frase clave: ser generoso es vivir una vida aún más elevada.

Entonces voy un paso más allá. ¿Por qué no aceptar el reto de producir mucho más de lo que necesita para usted y para su familia? La respuesta común es que eso es una tontería, que no es necesario, pero yo les afirmo que eso le permitirá para vivir una vida superior.

Y voy aún un paso más allá: ¿por qué no producir mucho más de lo que se necesita? ¡Qué manera de vivir! ¡Extraordinaria! Proveer a los demás es la forma más elevada de vivir. Está bien vivir una vida ordinaria y bastante buena, pero ¿qué tal una vida extraordinaria, producir mucho más de lo que necesita para usted y para sus hijos?

Supongamos que gana 10 millones de dólares al año y usted y su familia sólo necesitan 3 millones para vivir cómodamente. Ahora tienen 7 millones para dar, para compartir con los demás. ¿Qué le parece ese tipo de vida? Se llama extraordinaria: producir más y mucho más de lo que necesita para usted mismo.

ESTILO DE VIDA DE ALTA CALIDAD

Qué maravilloso es obtener alegría de su sustancia y poder compartir esa alegría con los demás. Una vida alineada con los valores no tiene por qué ser monótona y aburrida, al contrario, el arte de vivir bien puede desarrollarse en casi cualquier circunstancia para ampliar su celebración de todo lo que la vida tiene que ofrecer.

Es mejor disfrutar de parte de ese dinero anticipado en cambios de estilo de vida como ir al cine, tomar dos vacaciones en lugar de una, algunos pequeños extras para que la familia se sienta inspirada por este nuevo compromiso de ganar más y llegar a ser más. Y tómese su tiempo para estudiar y aprender las habilidades, lo que tenga que hacer para que valga más la pena para la familia pensando y apreciando los emocionantes cambios en el estilo de vida, como ir a conciertos, la ópera y el teatro.

Mis padres decían: "No te pierdas de nada. No te pierdas las obras, la música, las canciones, las actuaciones, la película, lo que sea que esté sucediendo". A los 93 años, mi padre, antes de morir, si lo hubiéramos llamado a las 10:30 u 11 de la noche, nos habrían dicho que no estaba en casa. Estaría en el rodeo, en la iglesia, en la obra, una actuación, y durante el día veía a los niños jugar al softball, todo a la edad de 93 años. Así que, como verán, enseñaba con su ejemplo. No se pierda de nada, haga esos cambios en su estilo de vida.

Cuando empecé a ganar algún dinero extra, abrí una cuenta bancaria para mi mujer y la llamé "Cuenta sin preguntas". Como ama de casa, le dije: "Yo sigo metiendo dinero ahí y tú lo gastas en lo que quieras". Le cambió la vida, puesto que ya no tenía que pedirme dinero, porque yo notaba que a veces le daba un poco de vergüenza. Es increíble lo que eso supuso para su autoestima y para nuestro matrimonio. Fue absolutamente asombroso; estos cambios en el estilo de vida afectan a todos en la familia. Se llama ganarse la vida, pero también es lograr una vida superior.

LA BUENA VIDA

El estilo de vida, las amistades sociales, la iglesia, la comunidad, el país... todo forma parte de nuestra vida en general. Empiece a amueblarla con nuevo vigor, vitalidad, dinero, lo que haga falta para expandir su vida hacia lo que yo llamo *la buena vida*, así como la economía. No hace falta mucho. ¿Cuánto cuesta una película? Incluso para una persona de medios modestos, ¿6 o 10 dólares? Cuesta 60 millones de dólares hacerla y sólo cuesta 6 verla. En parte es simplemente prioridad. Menos refrescos y palomitas, más películas. Todo el mundo tiene dinero para ir a ver una película. Ya me escucharon contar la historia de la mujer que sólo tenía un dólar y lo invirtió, y se hizo millonaria... invierta usted también en su futuro.

Ahora suelo dedicar cuatro horas al almuerzo con mis nietos, que ahora tienen 15 y 16 años, y hablamos de todo. Nos sentamos en el porche del hotel La Playa, en Carmel, con vistas al océano y a los jardines, y después de nuestros almuerzos de cuatro horas, me siento mucho más enriquecido en términos de intercambio de ideas, confidencias, experiencias, planes para el futuro, logros... ¡es emocionante! Probablemente no haya nada más gratificante que conversar con sus seres queridos y también con sus colegas.

Aunque, también, a veces es necesario estar solo. En toda mi ajetreada vida, de Milán a Nueva York, a París, a México D.F., a las gigantescas ciudades del mundo, busco la soledad, pero sólo durante cortos periodos de tiempo, nunca largos. Sin embargo, si es importante para mí alejarme, pensar y reflexionar y preguntarme sobre mi vida y lo que está ocurriendo, lo que está pasando, y a dónde ir desde aquí.

Frase clave: vivir bien no cuesta una fortuna, todo lo que necesitamos es prestar atención.

Pero algunas de las mayores recompensas son las conversaciones personales. Tengo algunos amigos íntimos, algunos mentores que me han acompañado durante los últimos 50 años con los que un par de horas de conversación son suficientes para deleitarme y sobrevivir hasta que nos volvamos a ver.

A veces estamos demasiado ocupados para ir a comer con un amigo íntimo o pasar una tarde con los miembros de la familia y disfrutar de la vida. ¿Cuánto cuesta una entrada de concierto? $25, $30, $40? Cuando alguien me dice que sólo los ricos pueden ir a los conciertos les respondo que es como si ahorraran lo que se gastan en una caja de Coca Cola. Sólo depende de dónde gaste el dinero que tiene, así que es mejor que ahorre el dinero de los refrescos y lo dedique a hacer algo especial. El buen estilo de vida, o vivir bien, no cuesta una fortuna. Lo único que cuesta es prestar atención.

EL MEJOR LADO DE LA VIDA

Déjeme contarle la historia de mi padre. Lo llamé cuando murió mi madre, y después de eso, mi padre vivió otros ocho años, pasó un año más en la granja, que todavía tengo en Idaho, donde hago un poco de vino y cultivo algunas cosechas y vivo la buena vida con vistas al río Snake. Mi padre pasó un año más allí, pero durante las noches se sentía un poco solo, así que le conseguí un lugar en el pequeño pueblo agrícola cercano donde podía pasar la noche, desayunar y luego subirse a su coche y volver a la granja.

El Decoy Inn es un pequeño café donde mi padre desayunaba casi todas las mañanas con los granjeros, y yo le llamaba allí y le acercaban el teléfono a la mesa. Le contaba en dónde estaba (en esa ocasión me encontraba en Israel) y manteníamos una conversación y él hablaba muy alto para que todos pudieran oír los detalles. "Anoche salí a ver las estrellas", me decía. "Fantástico", contestaba yo, y así todos escuchaban de nuestras aventuras.

Todo el mundo se mete en esta pequeña conversación que mantiene conmigo, y ahora tiene una historia que contar para el resto del día. "Mi hijo me llamó desde Israel y sé que tuvo que levantarse en mitad de la noche para llamarme ....". Fue un día mucho más especial para él, y sólo me costó 10 minutos de mi día mejorar el suyo. Es fácil, demasiado fácil, y hay docenas de maneras de mejorarle el día a alguien.

Yo le enviaba a mi padre postales de todo el mundo y él las guardaba para enseñárselas a sus conocidos. Cuando volvía a visitarle, algunas de las postales tenían un poco de mantequilla y mermelada, seña de que habían pasado de mano en mano durante el desayuno, y entonces volvía a contar la historia de cómo se las había mostrado a sus amigos y qué le habían dicho. Así se mantiene este animado intercambio entre padre e hijo.

Un año llevé a mi padre al lugar donde nació, Odessa Washington. Fuimos a la oficina de periódicos de esta pequeña comunidad y encontró algunos del año 1903, el año en que nació. No había ningún registro de su nacimiento, y le expliqué que había nacido en el campo, que en esa época no había ese tipo de registros en el periódico local. Luego volvimos a donde había ido a la escuela por última vez y me contó que solía llegar temprano, antes de que llegaran los maestros, y encendía el fuego en una vieja estufa que había en la escuela de una o dos aulas, pero el lugar ya no estaba. También intenté localizar el lugar donde vivía, pero tampoco lo encontré.

Los únicos edificios que quedaban que mi padre reconoció eran una iglesia y un bar. Me miró y dijo: "Bueno, esa es una combinación bastante buena, que te envicien en un sitio y te enderecen en el otro". Me esfuerzo en mantener vivo ese tipo de relación, mis padres eran extraordinarios y las pequeñas cosas que compartimos hacen que el estilo de vida sea único. No es una cuestión de cuánto nos cueste, en realidad es más una cuestión de tiempo y dedicación.

En el proceso de cambiar conscientemente cualquier área de su vida y crear la vida que desea, obtendrá un gran disfrute cuando apele al mejor lado de su naturaleza.

Todo el mundo tiene un temperamento y una personalidad diferentes que se desarrollan a lo largo del tiempo. Si es demasiado tímido, lo mejor es arrinconar esa parte suya y hablar más alto, y si es demasiado ruidoso, intente calmarse un poco. Sin embargo, entre tanto cambio, no intente convertirse radicalmente en otra persona.

Para ser civil en una sociedad civil, debemos tratar con el lado oscuro de nuestra naturaleza y exponer el lado positivo de nuestra naturaleza. No es que ese proceso se haga o termine nunca, pero debemos suprimir lo que nos causa problemas, no sólo dentro de nosotros mismos, sino que nos causa problemas con los demás. Es un reto interminable, pero merece la pena el esfuerzo. Podríamos decir que los seres humanos tenemos una naturaleza dual, y la clave de la vida es sacar el máximo partido de lo bueno que hay en nosotros y el mínimo de lo malo.

También es muy importante trabajar en lo que no le conviene, tanto en su proceso de pensamiento como en el desarrollo de sus planes para el futuro, en su proceso de trabajar con otros, de sentarse en una mesa de conferencias o de participar en una empresa. Esas son constantes en la vida. Cuando algunos se hacen ricos, tienen que lidiar con un ego que no asomó su fea cabeza hasta que el dinero empezó a fluir. Ahora este pequeño gremlin en el hombro susurra: "Ahora es el momento de conquistar el mundo y que todos sepan que eres el amo". Y, efectivamente, puede causar todo tipo de problemas.

Frase clave: esfuércese por alentar lo mejor de usted y anular lo peor.

En el próximo capítulo trabajaremos en soluciones para deshacernos de ese pequeño gremlin.

4

EL LADO POSITIVO
DE SU NATURALEZA

Una de las mayores dificultades de la riqueza es manejar este asunto del ego y mantenerlo bajo control. Aunque necesitamos revelar quiénes somos, también necesitamos dominar el arte de presentar nuestro mejor yo, ya que nos sirve a nosotros y a nuestros hijos, a nuestros amigos, y a nuestro negocio. Este es un aspecto constante de la vida que nunca termina.

Podemos hacernos un llamamiento personal: "Quiero trabajar constantemente para desarrollar el lado positivo de mi naturaleza y hacer todo lo posible por suprimir el lado oscuro que me impide ser lo máximo de lo que puedo ser". Creo que eso es lo importante.

Cuando los líderes de cualquier posición se elevan a sí mismos debido a un ego hiperactivo, el poder que ejercen se convierte en perjudicial para todos. Siempre ha habido buenos y malos líderes. Ya sea un buen rey, un mal rey o dentro de nuestra propia cabeza, todos tenemos que lidiar con el ego. Pero podríamos hacer este apunte: todo forma parte de la gran aventura de lidiar con él, de civilizarnos y no permitir que, a medida que avanzamos, nos volvamos incivilizados en nuestro comportamiento, en nuestro lenguaje, en nuestro estilo, y de intentar mantener ese equilibrio de forma coherente y presentar eso como la mejor parte de nosotros es lo que somos, y luego dejar que la gente lo vea.

Frase clave: presente la mejor parte de usted mismo como su verdadera personalidad.

Parte de crear una vida que merezca la pena es buscar el trabajo o la carrera con la que siempre ha soñado. Algunos autores llaman a esto perseguir su pasión, sin embargo, creo que la obsesión constante por su pasión puede distraerle del inicio de su viaje hacia el éxito. Es mejor empezar justo donde está y dejar que su pasión le encuentre.

Creo que intentar encontrar su pasión es una palabra demasiado fuerte. Probablemente baste con desear ser extremadamente exitoso, pero si encuentra algo que realmente le apasiona y puede hacerlo con gran entusiasmo, me parece fantástico.

Sin embargo, creo que estar agradecido es lo primero. Si tiene un trabajo, sea agradecido y piense que, aunque este no es el mejor trabajo del mundo, es un trabajo de transición que le lleva a donde quiere ir. No tiene que amar su trabajo ni apasionarse por él. Basta con que le apasione mantenerse estable, trabajar duro, aprender habilidades y hacer este trabajo tan bien que el siguiente sea aún mejor. Cuidando tan bien esta oportunidad, se presentará otra.

A veces la gente dice: "Bueno, si tuviera un buen trabajo, me esforzaría muchísimo, pero el trabajo que tengo es una porquería, por lo tanto, solo haré lo mínimo". Esa *no* es la actitud ni la filosofía que atrae un futuro de éxito. Aunque no sea el mejor trabajo del mundo, si le da para vivir, tiene que estar agradecido. Si cuida de usted y de su familia, tiene que estar agradecido. No necesita sentir pasión por el trabajo, sino simplemente gratitud por él.

Si tiene un deseo extremo de tener éxito para poder lograr todo lo que desea, ser tan generoso como le gustaría ser, ser tan fuerte como le gustaría ser en términos de fortaleza financiera, e involucrarse en proyectos empresariales, ¡adelante!

Creo que, si dice que tiene que "encontrar su pasión", la gente lo encuentra un poco confuso, pensando: "*¿Dónde podría encontrarla y qué podría apasionarme?* Supongo que podría empezar diciendo: "Me apasiona proporcionarme un éxito inusual a mí mismo y a mi familia para que mis hijos digan en los años venideros: 'Tuvimos la vida más increíble juntos, como familia'". Entonces, si ese es el caso, creo que la clave está en dejar que crezca lo que quiere conseguir.

Puede que al principio le cueste muchísimo trabajo ver esta realidad, pero puede empezar diciendo: "Vaya, quizá pueda multiplicar por dos, por tres y ampliar mi visión, logrando así mucho más". Si tiene una empresa, podría tomar medidas para hacerla más fuerte y mejor, de mayor alcance. Deje que eso ocurra, y luego podrá decir: "Bueno, con el tiempo me gustaría tener..." y dejar que esos sueños permanezcan en algún lugar de su conciencia hasta que se presenten las oportunidades y aproveche cada una de ellas.

HAGA UNA LISTA

Yo digo que haga una lista de todas las cosas que le proporcionarían la vida más increíble. ¿Qué sería lo que desearía que le diera esa vida en los próximos 10 o 20 años? Lugares a los que ir, cosas que ver, gente que conocer, libros que leer, habilidades que aprender, inversiones que hacer, ser generoso con quién y con qué, y dónde. Le animo a que haga listas de todas las cosas que cree que harían de usted una vida realmente fantástica. Y al principio, no se preocupe por cómo conseguir todo lo que enumere, simplemente deje volar su mente y piense en lo que realmente desea.

A continuación, dese cuenta de que puede ser necesario modificar las listas con el tiempo. Puede que empiece a trabajar en algo y luego piense: *"Claro, pensaba que esto iba a ser realmente todo lo que quería, pero ahora veo que no"*. Mucho antes de que vaya a lograr su objetivo, puede que se dé cuenta de que está invirtiendo demasiado dinero, tiempo y esfuerzo, así que sabiamente cambiará de dirección.

Y cuando quiera, puede romper toda la lista y empezar de nuevo. Habrá quienes piensen que, como hicieron la lista, ahora deberán cumplir con todo lo que escribieron en ella, pero no, no es así. Es su vida. Es su lista. Puede darle la vuelta, ponerla boca arriba, tachar algunas cosas, poner otras nuevas o empezar de nuevo. No deje que se convierta en una obsesión, sino más bien en un aliciente. Mejor estar seducido que obsesionado, o podríamos invertir demasiado esfuerzo y tiempo en algo que en realidad no va a resultar tan estupendo como pensábamos.

Frase clave: mejor estar seducido que obsesionado.

Un viejo profeta dijo: "A veces las cosas que saben bien en la boca luego se vuelven amargas en el vientre". Pensamos que es lo correcto, sin embargo, era un poco una ilusión. ¿Recuerda la letra de "No llores por mí, Argentina"? Una de las líneas dice: "Son ilusiones, no son las soluciones que prometían ser". Cambiar de dirección es una experiencia de aprendizaje que se ve afectada por lo que vemos.

Quizá no deberíamos haber dedicado tanto tiempo y energía a perseguir un objetivo; pero si eso es lo que veíamos en ese momento, íbamos a trabajar en ello y a aprender sobre la marcha. Necesitamos una colección de experiencias que nos den buenos datos sobre qué hacer y qué no hacer. Así es la vida.

Muchas veces se necesita más experiencia para tomar una decisión más sabia. Si una persona dice: "Bueno, llevo una semana comiendo comida basura, pero mira qué fuerte y sano estoy", eso es un engaño. Una semana no le va a dar la información adecuada sobre cómo se siente, sobre si es buena idea seguir o no. Necesita mucha más experiencia para decidir si le conviene o no.

Durante un seminario, utilicé la siguiente ilustración como ejemplo. Mientras sostenía una vela encendida al hablar de tener suficiente experiencia para tomar decisiones sabias, dije: "¿Están todos de acuerdo en que el fuego me quemará el dedo?".

"Sí, el fuego le quemará el dedo", respondieron.

Así que procedo a meter y sacar rápidamente mi dedo de la llama y digo: "Miren, mi dedo está bien. ¿De dónde sacaron la idea de que la llama me quemaría?"

Y ahí es cuando ellos responden que meter y sacar el dedo rápidamente no hará que se queme. Para ello necesitaré dejar el dedo ahí, sobre la llama, por más tiempo. Esa es su teoría, y me sirve para afirmarles que se necesita un poco más de experiencia para tomar una decisión sabia.

Luego, para remachar el principio, digo: "Bueno, ¿y qué pasa con la persona que dice que consume cocaína y se siente bien?". Eso sucede al principio, cuando parece que todo está bien, pero no conocen el final de ese camino. Si no tienen ninguna experiencia personal sobre la cocaína, tienen que preguntarle a alguien que sí la tenga. Esa persona les dirá: "Mire, he malgastado 20 años de mi vida y al final he logrado superarlo. La cocaína es mala, le arruinará la vida. Fíjense en algunos de esos viejos rockeros que han logrado superarlo... y en los muchos otros que murieron".

Una vez, cuando estaba en París presentando ante una clase de 20.000 personas, también estaban en la ciudad los Rolling Stones, con Mick Jagger y todos los demás. Algunos de ellos sobrevivieron a esos días traicioneros de drogas y alcohol, pero muchos otros no lo consiguieron. Boy George dijo: "Me desperté un día y todos mis amigos estaban muertos". Yo diría que esa es una experiencia suficientemente fuerte como para considerarlo dos veces.

Si no tiene suficiente experiencia y acaba de empezar, es mejor que pregunte a alguien que lleve cuatro o cinco años, o incluso veinte en la actividad en la que desee emprender. Solo así podrs hacer un buen juicio basado en datos mucho más relevantes.

LISTA CORTA PARA UNA BUENA VIDA

Crear una vida rica y satisfactoria basada en sus valores es el camino hacia un estilo de vida agradable. La siguiente sección ofrece una breve lista para lograr una buena vida.

NÚMERO UNO, PRODUCTIVIDAD.

Si no produce, no será feliz.

NÚMERO DOS, BUENOS AMIGOS.

El mejor sistema de apoyo del mundo son los buenos amigos. Debe trabajar en eso, no los descuide, los amigos son esas personas maravillosas que lo saben todo sobre usted y a las que les sigue cayendo bien.

NÚMERO TRES, ESPIRITUALIDAD.

No le pido que sea creyente. Soy creyente de que los humanos somos algo más que una forma avanzada del reino animal, creo que somos una creación especial. Por eso no le pido que sea creyente, pero sí que estudie, practique y enseñe lo que sea valioso para usted. ¿Por qué? Porque construye los cimientos que erigen el país y la nación, que nos ayudan a competir entre las naciones del mundo en el siglo XXI. Comparta lo que sepa con los demás.

NÚMERO CUATRO, NO SE PIERDA DE NADA DE LO QUE OCURRE.

Mis padres me enseñaron a no perderme de nada. No se pierda de ese partido, la actuación, el espectáculo, la película, ni las palabras. A todos nos inspiran las palabras. Elton John dice: "Vivió su vida como una vela en el viento, sin saber nunca a quién aferrarse cuando arreciaba la lluvia". No se pierdas esa letra, la música, la canción que alimenta el alma. No puedo expresar cuán breve y frágil es la vida.

George Harrison, uno de los Beatles, canta: "Si no fuera por ti, el invierno no tendría primavera. No oiría cantar a un petirrojo. Si no fuera por ti, no tendría ni idea". Vaya. Recuerde las palabras que reflejan la experiencia. Barbara Streisand canta: "Solía ser tan natural hablar del "para siempre", pero los "solías" ya no cuentan. Se quedan en el suelo hasta que los barremos. Ya no me cantas canciones de amor, ya no me dices que me necesitas y ya no me traes flores". Ilustrativo de todas nuestras experiencias.

Winston Churchill dijo: "La verdad es incontrovertible. La malicia puede atacarla y la ignorancia burlarse de ella, pero al final, permanece". Utilice eso, dese un festín con los comentarios de otra persona; podría quedarme despierto toda la noche pensando en esa afirmación de Churchill. Le pido que investigue y que no se pierda de nada, ni las pequeñas que cree que no son importantes, ni de las grandiosas y enormes que acontecen en su vida. Todas forman parte de una buena vida.

¿Por qué? Porque cada experiencia le servirá para siempre. Si vive bien, ganará bien. Si vive bien, se notará en la textura de tu voz, en su cara y en el magnetismo de su personalidad. Así que, recuérdelo. No se pierda el maravilloso y nutritivo alimento de todas las cosas y experiencias que le rodean y que podrían ayudarle a vivir una buena vida.

NÚMERO CINCO, CUIDE DE SU CÍRCULO ÍNTIMO.

Cuando cuide de ellos, ellos cuidarán de usted. Inspírelos y ellos le inspirarán a usted. No hay nada más valioso que su círculo íntimo. De ahí viene el poder para conquistar el mundo: de la familia y los amigos.

Cuando un padre sale de casa y puede sentir durante todo el día el beso de su hija en la cara, es un hombre poderoso. Ese alimento es increíble, es alimento al alma. Si un marido sale de casa y todo el día siente la huella de los brazos de su mujer alrededor de su cuerpo, es invencible. ¿Quién puede tocarle? Nadie. Una persona que cuida de otra dijo el viejo profeta, "tiene la mayor de las virtudes". Hay muchas virtudes y valores, pero la mayor es el amor. Es mejor vivir en una tienda de campaña en la playa con alguien a quien ama que vivir en una mansión usted solo. La gente alcanza la gloria cuando cuida de la gente, y especialmente ese círculo interno donde el poder es tan magnífico que cuando bebe de él y lo alimenta, le alimenta.

NÚMERO SEIS, PIDA LA AYUDA DE DIOS.

A todos nos vendría bien un poco de ayuda. Un hombre tomó un montón de rocas y lo convirtió en un fabuloso jardín, cuando alguien vino y lo vio le comentó: "Usted y el buen Dios tienen este fabuloso jardín aquí". El jardinero dijo: "Entiendo su punto de vista, pero debería haberlo visto hace unos años, cuando yo todavía no había ayudado a Dios a jardinearlo". Así que todos jugamos un papel en el gran plan, esa es la verdad.

LOS CUATRO "SI" QUE HACEN QUE LA VIDA MEREZCA VIVIRSE

Para concluir este capítulo sobre el lado positivo de su naturaleza, examinamos lo que hace que la vida merezca vivirse: los "si" de la vida. Un mensaje que hoy necesitamos desesperadamente para dar un giro a nuestro mundo y a nosotros mismos.

1. LA VIDA VALE LA PENA SI APRENDE.

Por supuesto, el principio de ser una persona civilizada, una persona de logros, es aprender. Aprendemos en los primeros cursos de la escuela. Parte del proceso de aprendizaje comienza antes de ir a la escuela; aprendemos de nuestros padres, madre y padre, con suerte. Yo tuve la suerte de tener unos padres excelentes que me enseñaron bien. Mi madre me enseñó a leer y escribir antes de ir a la escuela, así que eso me facilitó mucho los estudios y los disfruté todos los años que pasé en el instituto y un año en la universidad, pero mis padres me dieron esa gran ventaja extra de lo que me enseñaron en esos años antes de ir a la escuela. Y luego el resto es aprender sobre la marcha, de la escuela a la empresa, conseguir un trabajo, aprender lo que es el matrimonio, la oportunidad y la responsabilidad, los hijos, aprender las posibilidades. Es increíble que las posibilidades sean siempre mucho mayores de lo que podemos imaginar.

Así que primero imaginamos las posibilidades. Luego imaginamos las posibilidades que son posibles para nosotros, y creo que necesitamos ambas. Alguien da su testimonio y dice: "Empecé con esto y me hice rico, y si yo puedo hacerlo, usted también puede hacerlo". Y nos llevan a una historia de posibilidades mucho más allá de lo que pensamos que podríamos lograr, pero al menos podemos tomar de ese testimonio su comentario de que, "Si yo puedo hacerlo, usted también puede hacerlo. Empecé sin nada y mire todo lo que logré. Usted podría hacerlo de la misma forma", y aunque por nuestra parte ahora es una cuestión de elección personal, al menos nos da una idea de todo el abanico de posibilidades.

El nivel de ingresos del salario mínimo ahora en Estados Unidos es de 5 dólares la hora. Los ingresos máximos del año pasado fueron de 68 millones de dólares por persona durante un año. Así de amplia es toda la gama de posibilidades. Entonces tenemos que averiguar, en esa gama completa de posibilidades, ¿qué es posible para nosotros? Luego debe ir tan lejos como pueda en ese momento, pero déjeme decirle que el logro, es igual que la ambición. Los logros le ayudan a ver mucho más allá. Una vez que ha aprendido algunas habilidades y ganado algo de experiencia, aprende de eso y dice: "Vaya, tal vez un par de habilidades más y podría multiplicar mi valor por dos, por tres, por cinco, más mis ingresos, más mi capacidad de ser influyente, poderoso y útil". Así que es verdad, la vida vale la pena si aprende a vivirla.

Cuando doy clases a estudiantes de secundaria o universitarios, les digo: "No hay nada peor que ser estúpido. Asegúrense de obtener toda la educación y la información que puedan en la escuela. Más tarde podrán repasarla, rechazar algunas cosas, olvidar otras, lo que sea, pero asegúrense de obtener toda la que puedan. Ser pobre es malo, pero ser estúpido es muy malo, y lo que es muy, muy malo es ser pobre y ser estúpido. Hay que aprender. En parte aprendemos por ensayo y error, lo hacemos mal y aprendemos a hacerlo bien. Creemos que está bien y lo hacemos y no funciona, y entonces ahora aprendemos de eso. Ojalá aprendamos lo más rápido posible, pero es verdad. La vida merece la pena si aprendemos mucho.

2. LA VIDA MERECE LA PENA SI LO INTENTA.

Aprenda algo y luego inténtelo, a ver si puede hacerlo, a ver si le funciona. Jugamos a juegos para ver si podemos ganar. No puede decir simplemente "ya gané". No, tiene que intentarlo. Juegue lo mejor que pueda, porque jugamos para ver si podemos conseguir una puntuación más alta que el otro equipo. Cuando lo hacemos, salimos ganadores, pero si perdemos, eso no significa que seamos perdedores, solo significa que hemos perdido el partido. Así que la clave es volver a intentarlo para ver si podemos ganar la próxima vez, formar una mejor combinación o utilizar una mejor técnica. Lo mismo ocurre en la economía o con un trabajo, empleo o empresa.

El agricultor planta en primavera y cuida de su cosecha durante todo el verano, pero en el momento de la cosecha, una tormenta de granizo se abate sobre su cosecha y la destruye por completo. La pregunta es: ¿debería volver a intentarlo? Por supuesto que sí. La ley de la media dice que si plantas en primavera, tendrá cosecha en otoño. Más a menudo que no, cada vez que plante en primavera, tendrá una cosecha en otoño. Así que, por supuesto, aunque todo estuviera perdido, el agricultor inteligente volverá a intentarlo en primavera. No es una garantía, sino una promesa y una oportunidad, y eso es lo que todos podemos hacer: esforzarnos al máximo con cualquier oportunidad que se nos presente.

Parte de la vida consiste en aprender a reconocer las oportunidades y aprovecharlas. Si tiene la oportunidad de conocer a alguien nuevo, no la deje escapar. Podría ser la oportunidad de su vida, una puerta abierta. Siga intentándolo; intente aprender a no perder oportunidades. Cuando el libro de registro de su vida esté terminado, deje que muestre sus victorias y sus pérdidas, pero no deje que muestre que no lo intentó.

Mire lo que puede hacer, explórelo, la vida vale la pena si aprende. En segundo lugar, la vida vale la pena si lo intenta.

3. LA VIDA VALE LA PENA SI SE QUEDA.

Algunas personas plantan en primavera y abandonan en verano, cuando llega el calor. El tiempo no es de su agrado y las malas hierbas están demasiado altas y el trabajo es demasiado duro, pero hay que quedarse para tener éxito. Mi consejo es que se quede al menos durante todo el ciclo. No significa que tenga que quedarse para siempre, pero al menos si ha plantado en primavera, hágalo hasta la cosecha y mire lo que sale. Es como ir a un partido, quédese hasta que acabe. Yo digo que es un buen entrenamiento. Aunque su equipo vaya perdiendo, si se va y tu equipo va perdiendo, es de mala educación. Si apoya a su equipo, probablemente no se iría hasta que terminara. Aunque su equipo vaya irremediablemente muy abajo en el marcador, es un buen entrenamiento el quedarse y apoyar hasta el final.

Si pone los cimientos, al menos llegue hasta el final del proyecto y termínelo. No significa que no tenga que plantar o jugar nunca más, pero al menos mire a ver si puede conseguir quedarse, que pase el verano, que supere los retos, que se quede hasta que al menos este proyecto esté terminado y entonces tomar una decisión sobre si plantar de nuevo o si empezar otro proyecto, o lo que le parezca más conveniente.

Probablemente se podrían salvar más matrimonios si decidieran quedarse al menos un poco más para ver si se puede solucionar. A veces puede que no sea posible, pero al menos quédese e inténtelo, a ver si hay otra respuesta, otra alternativa, otro camino... y normalmente lo hay. Así que tendrá una vida que valga la pena si aprendes si lo intenta y si se queda; mi último "si" es si le importa.

4. LA VIDA VALE LA PENA SI LE IMPORTA.

Si le importa algo, obtendrá resultados. Si le preocupa lo suficiente, obtendrá resultados *increíbles*. Parte del milagro de la capacidad y la posibilidad humanas es la capacidad de preocuparse, de amar, de preocuparse de verdad por otra persona, preocuparse por tu familia, su empresa, su país, su comunidad, sus amistades. Debe preocuparse lo suficiente como para reparar lo que va mal, para afrontar los retos y hacer algo mejor.

Es una gran característica humana preocuparse por lo que les ocurre a nuestros seres queridos y por lo que ocurrirá en el futuro. Es fácil caer en la tentación de no preocuparse, sobre todo si se está un poco lejos del problema. Por ejemplo, el año pasado hice un viaje a la India, mi tercer viaje a la India. A menos que lo vea usted mismo, es difícil comprender un país con tanta pobreza y desafíos extremos para sus habitantes.

Puede que no haya nada que pueda hacer personalmente, salvo quizá ofrecer sus oraciones, pero al menos puede preocuparse por lo que ocurre, con la esperanza de que sus vidas mejoren. Que haya formas de alimentar a los pobres, de inspirar a los niños, de dar esperanza al padre que quiere cuidar de su familia, ya sea en alguna aldea remota o en alguna polvorienta calle de Nueva Delhi... es importante preocuparse por el mundo, por la dirección que toma, cuando el mundo es mitad esclavo y mitad libre. Es un escenario difícil de procesar, pero al menos debería importarnos.

Abraham Lincoln dijo: "Como no quiero ser esclavo de nadie, no seré amo de nadie". Eso es preocuparse, preocuparse en términos filosóficos. Y luego preocúpese de los demás, especialmente de la gente con la que trabaja y de la que está cerca, porque son parte del mundo. Una persona no hace una economía. Una sola persona no hace una institución, una empresa, o un negocio. Se necesitan todos los dones combinados para hacer que algo funcione y aprender a apreciar el valor de cada persona.

Frase clave: preocuparse por los demás, apreciar el valor de cada persona.

Le dije a mi audiencia de unas 1.000 personas en Colorado Springs: "Se ha requerido, ha sido necesario que todos estuvieran aquí para que sucediera esta reunión. Fueron necesarios los que invitaron a otros y corrieron la voz. Cuando entré en la sala del seminario, entré solo, pero cuando me marche, después del acto, me llevaré conmigo el espíritu de toda la gente y sus reacciones. Tendré la oportunidad de conocer a varias personas y me llevaré su testimonio o sus buenos deseos".

Lo mismo ocurre con usted. Cuando entra en cualquier situación, sólo aporta una persona, pero hace una contribución al conjunto. Entonces, ¿cuál es el gran factor, el resultado? El factor multiplicador es que el todo le hace una contribución a usted como individuo.

Al contribuir una sola persona, usted, su apretón de manos, su sonrisa, su participación, su reacción, afecta a todos los que están allí, y se va con la sustancia de todos, lo que le hace mucho más rico que cuando entró.

A menudo me preguntan: "¿Qué le gustaría que la gente recordara de usted?". Mi respuesta: "Se me han dado muchas oportunidades extraordinarias y me gustaría saber que he hecho una contribución, y si cuando me haya ido dicen: "Hizo una gran contribución a la vida de millones", eso sería algo extraordinario que me encantaría que dijeran de mí.

Pero creo que, mientras que al final de su vida sea respetado por su familia y sus amigos íntimos, eso le convierte en una persona de gran valor. Ellos saben quién es, probablemente mejor que nadie. Conocen su dignidad, su servicio y sus sueños. Conocen tus compromisos y el duro trabajo que ha hecho.

Conocen la contribución que ha hecho mejor que nadie, y si tiene su respeto hacia el final de su vida, familia y amigos cercanos, tanto si el mundo lo reconoce como si no, o lo ve o no, o si construyen una estatua en su honor, o no ponen su nombre en el salón de la fama, realmente no importaría tanto.

5

SUPERAR LOS CONTRATIEMPOS

Aunque sólo hace falta un día para dar un giro a su vida y empezar a recorrer un nuevo camino, para construir una vida de éxito, necesita seguir recorriendo el nuevo camino día tras día. Tiene que seguir pagando el precio del éxito, de modo que construya nuevos patrones de pensamiento y acción. Sin embargo, inevitablemente, habrá momentos en los que se desvíe del camino y pierda la orientación. En otras palabras, encontrará adversidades, quizá grandes adversidades en el camino hacia el éxito.

La clave no está en evitar la adversidad, sino en aprender a reorientar sus esfuerzos, restablecer sus hábitos exitosos y volver a caminar. Desde luego, no querrá acabar en la cuneta.

Como ya he dicho, a los 31 años era millonario y a los 33 estaba arruinado. Dos millones y medio de dólares que se esfumaron por tomar decisiones tontas. Ese primer dinero que gané fue muy difícil de conservar. De joven, caí en algunas tentaciones.

Conoce el viejo dicho: "Un tonto y su dinero se separan pronto". Ese era yo. Cuando veía algo que me gustaba, decía: "¿En cuántos colores viene? Los compraré todos". Ese tipo de imprudencia era una tontería. Además de eso, tomé algunas decisiones empresariales imprudentes.

Una empresa quería pedir prestado un cuarto de millón de dólares y el banco dijo: "Bueno, si el Sr. Rohn firma personalmente, le daremos el dinero". Yo sabía que podían devolverlo, así que firmé y me vi como el héroe. Lo devolvieron, pero un poco más tarde me enteré de que la empresa tenía problemas financieros y volvió al banco para pedir prestado otro cuarto de millón. Me dije: "Bueno, espero que no me llamen porque esta vez no firmaré". Firmé el primer pagaré y me lo devolvieron todo, pero sabía que esta vez no lo iban a conseguir y nunca me llamaron para que firmara el segundo.

Sin embargo, al cabo de un año, la empresa quebró, y entonces recibo una carta del banco que dice: "Estimado Sr. Rohn, tenemos aquí su garantía de que, si la empresa no funciona, usted pagará el cuarto de millón que le prestó nuestro banco. Por favor envíenos su cheque".

Llamé al banco y les expliqué que había habido un error. Yo firmé el primer pagaré, pero nadie me llamó para hablar de otro pagaré, por lo que unca firmé el segundo pagaré.

Lo que no sabía era que el pagaré que había firmado originalmente era una "garantía continua". En ese momento supe lo que significaba la palabra "continua" y lo cara que era.

Pero, en fin, eso y algunas otras "experiencias de aprendizaje" y mi recién adquirida riqueza desaparecieron. Así que claro, de pobre a rico y de rico otra vez a pobre, ¿qué hacer ahora?

MÁS VALIOSO QUE EL DINERO

Lo que se me ocurrió fue que, aunque ya no tenía dinero, seguía teniendo las habilidades, y las habilidades resultaron ser más valiosas que el dinero. Así que simplemente volví a trabajar, volví a la calle, volví a utilizar la fórmula que había utilizado en primer lugar para llegar al éxito, y gané muchas veces más de lo que gané la primera vez.

Esa es la clave. Tiene que volver a trabajar; y parte de esa toma de conciencia fue que tenía que estar dispuesto a reajustar mi estilo de vida. Tuve que deshacerme de los coches lujosos, las casas y todas esas cosas, volví a un apartamento modesto y tiré todo abajo para empezar de nuevo en lugar de intentar seguir viviendo un estilo de vida que no podía permitirme.

Cuando tenga que empezar de nuevo, vuelva a hacer lo que tenga que hacer. Vuelva a ponerlo todo en su sitio, no es diferente del agricultor que planta en primavera y cuando una granizada destruye la cosecha, vuelve en primavera y dice: "Vamos a intentarlo una vez más".

Frase clave: todo se reduce a la actitud y la filosofía.

De vez en cuando puede que le caiga granizo dos años seguidos, pero no tan a menudo. Así que vuelve a intentarlo y, probablemente por la experiencia, si lo intenta de la mejor manera y mantiene la actitud adecuada, será más fuerte de lo que era la primera vez o la segunda.

Cuando empecé a trabajar para conseguir mi fortuna y ganarme la vida, mi mentor me dijo: "La vida depende de tu actitud". Si dice: "Estoy trabajando un poco de tiempo extra para pagar algunas facturas", eso sería una cosa; pero si dice: "Estoy trabajando un poco de tiempo extra para empezar mi fortuna", eso hace que levantarse de la cama sea totalmente diferente. No es lo mismo levantarse para pagar unas facturas extra que levantarse para sentar las bases de su fortuna es una actitud, una mentalidad y una filosofía totalmente diferentes.

Así que, si tiene la actitud adecuada, no importa lo que haya pasado, si reajusta su actitud, su filosofía y adopta una mentalidad positiva totalmente nueva, puede volver a empezar y tener éxito. Algunas grandes fortunas se hacen después de que una persona cumple 50 o 60 años. ¿Por qué? Porque con todos los altibajos que les ocurrieron en esa acumulación de años, ahora, cuando surge una idea o un nuevo estallido de energía o vitalidad u objetivo, tienen todas sus experiencias pasadas como experiencia. Por eso se han hecho fortunas increíbles incluso después de los 50 o incluso los 60 años.

A los 20 años no se tiene mucha experiencia para invertir. Esto no significa que no pueda hacerlo bien y ascender rápidamente, muchos lo han hecho. Pero a los 30 años tiene algo más de experiencia para invertir y está mejor preparado para recuperarse si ocurre algo y tiene que volver a empezar. Pero a los 50 o 60, tiene un buen puñado de años de experiencia para invertir, lo que puede marcar la diferencia en el mundo.

Y es cierto que puede inclinarse hacia cualquier lado cuando se enfrenta a un contratiempo: puede desanimarse por todo o puede inspirarse por todo, y eso forma parte del misterio de la vida. Depende de usted darte la vuelta, intentarlo de nuevo y hacer otra fortuna. El misterio es que no todo el mundo lo hará. Algunos utilizarán los reveses como una razón para triunfar y otros los utilizan como motivo para rendirse. Las mismas circunstancias.

Se hizo un estudio en el que siguieron a dos niños, gemelos. El padre de estos dos niños era un sinvergüenza y un borracho. Años más tarde, uno de los gemelos resultó ser un sinvergüenza y un borracho, y le preguntaron: "¿Por qué tu vida resultó así?".

A lo que respondió que era lo que se esperaba, que su padre era un sinvergüenza y un borracho y que él no podía evitar convertirse en eso mismo debido a su ejemplo.

El otro gemelo resultó ser un profesional al que le iba muy bien, también le preguntaron: "¿Cómo te convertiste en profesional?".

Su respuesta fue que no quería ser como su padre.

El mismo padre, pero un hijo lo utilizó como excusa para vivir una vida poco agradable, mientras que el otro hijo lo utilizó como razón para hacer todos los cambios necesarios para vivir una buena vida.

ASOCIACIONES

Una gran parte de su vida, la mayoría de su vida, está determinada por su actitud y por su influencia, lo que incluye a las personas que le rodean. Estas son varias buenas preguntas que debería hacerse:

- ¿Quiénes son las personas con las que más me relaciono?
- ¿Qué influencia tienen sobre mí?
- ¿Estoy de acuerdo con cómo me influyen?
- ¿Qué leen?
- ¿Adónde van?
- ¿A qué se dedican?
- ¿Cómo piensan y se comportan?
- ¿Es eso lo que quiero leer, adónde quiero ir, lo que quiero hacer, pensar y comportarme?

Tomarse en serio estas preguntas y responder a cada una de ellas le proporcionará un buen análisis maduro de su vida en este momento. Si su respuesta es que está bien con las respuestas, bien. Si no está bien, haga algunos cambios positivos.

La asociación puede marcar toda la diferencia del mundo en tu futuro. Lo mejor es practicar la asociación limitada. Hay gente con la que puede estar unas horas, pero no unos días, hay gente con la que puedes estar unos minutos, pero no unas horas, y hay gente a la que tienes que dejar atrás.

MÁS CERCANO QUE UN HERMANO

A veces es útil que alguien venga y nos ayude en un momento de estrés y angustia, y nos ofrezca un libro o algún consejo. Sólo necesitan decir que estarán presentes cuando los necesitemos, y a veces eso es suficiente para sentirnos mejor. Tener unos buenos amigos que estén ahí si los necesita es muy valioso.

Hace pocos años perdí a un amigo, David. Yo solía decir que, si yo estuviera atrapado en una cárcel extranjera acusado indebidamente en algún lugar, si me permitieran una llamada, lo llamaría a él, y la razón es que él vendría a buscarme, sin hacer preguntas. Eso es lo que yo llamo un amigo de verdad.

Con suerte, en momentos de estrés o si la vida ha dado un mal giro, le ha jugado una mala broma, se ha acabado el dinero y el proyecto ha dado marcha atrás, con suerte tiene cerca a algunos amigos o a un amigo que puede darle el apoyo que necesita para superar las malas rachas.

Le animo a que, en su camino al éxito, haga el tipo de amigos que estarán ahí en sus caídas. Alguien que le diga amablemente: "Pasa, te estaba esperando. Tal y como iban las cosas, sabía que no tardaría en estallar la burbuja y todo se iría al diablo. Entra, hablemos un rato".

Así que, haga buenos amigos, para que pase lo que pase, cuando las cosas se pongan patas arriba, tenga unos cuantos amigos en los que confiar para que le aconsejen sabiamente. Yo he tenido algunos de esos grandes amigos en mi vida. Me ayudaron a salvar mi vida, mi carrera, y en resumen, a salvarlo todo. Pasee por la playa o siéntese a tomar un café con alguien que se preocupe por usted y sea un excelente amigo. Donde realmente pueda descargarse y resolverlo con alguien que se preocupe sinceramente por usted.

A veces, una aventura empresarial que sale mal es como estar en un accidente de coche. La mente tarda un rato en aclararse. Si ha estado en un accidente o está en medio de un problema grande ahora mismo y está por ahí dando vueltas sin sentido, a veces es útil que alguien le coja de la mano y le diga: "Oye, vamos a sentarnos aquí un rato hasta que tu mente deje de dar vueltas". No hay manera de poner un valor a lo importante que es eso.

RECUPERARSE RÁPIDAMENTE

La adversidad separa al profesional del aficionado, ya sea en el deporte, en los negocios o en la vida. La clave no es evitar la adversidad, sino recuperarse rápidamente.

Frase clave: recuperarse rápidamente de la adversidad.

El aficionado pierde una partida reñida y probablemente se vea afectado durante mucho tiempo, o un profesional hace un mal tiro en el campo de golf que afecta al resto de su juego. Pero cuando un profesional como Tiger Woods hace un mal tiro, sabe que tiene que concentrarse y no dejar que ese golpe afecte al siguiente. Esa es la diferencia entre un aficionado y un profesional.

Cuando el aficionado pierde una partida igualada, puede afectarle para siempre. Cuando el profesional pierde un partido igualado, también se ve afectado. No te interpongas entre él y la puerta del vestuario: te hará mella. Está enfadado y molesto, pero no dura mucho. Unas horas más tarde, después de ducharse y comer algo, dice: "Mañana por la noche seré el amo de la cancha. No el año que viene, ¡mañana por la noche!"

Así que la clave para una rápida recuperación es tener algo a lo que aspirar de inmediato. "¡Voy a trabajar mucho mi tiro y ganaremos el próximo partido!". O "Pondré en marcha un nuevo proyecto en los próximos 90 días". O "¡Mi presentación de la semana que viene será inolvidable!". En lugar de dejar que un contratiempo le afecte durante un año o un par de años, prepara algo rápidamente. Puede que no sea la respuesta absoluta, pero de momento es la respuesta para superar un contratiempo.

Una de las cosas más importantes que aprendí en mis estudios con Earl Shoaff es que la vida no nos da lo que necesitamos. La vida nos da lo que merecemos. No recoge una cosecha porque la necesita, recoge una cosecha porque se la merece. La plantó en primavera y la cuidó en verano.

Una de las formas de ayudar a una madre que recibe asistencia social es darle un cheque para que cubra algunas de sus necesidades cada fin de mes, pero ahora, con mejor información, le dice a Mary: "Mary, la próxima vez que te entregue tu cheque de la asistencia social para ti y tus hijos voy a darte también un cubo de pintura y una brocha. Y si estos postes están pintados, y si la puerta principal está pintada, la próxima vez que vuelva el mes que siguiente, te entregaré dinero". Este es un punto de partida para que la madre adquiera el sentido de que no recibe algo porque lo necesita, sino que lo recibe porque se lo merece. Sabemos que por pintar los dos postes y la puerta no se ganaría los 500 dólares, pero es un comienzo.

Frase clave: la vida no le da lo que necesita, la vida le da lo que merece.

Entonces, la próxima vez que la asistenta social diga: "Si esta valla está pintada y si estas malas hierbas han desaparecido y si estas flores están plantadas la próxima vez que venga, te daré los 500 dólares, otra vez".

Este proceso está empezando a hacer que Mary pase de su situación desesperada a un modo y filosofía y pensamiento de "¿Qué más podría hacer para merecer más dinero?". Es toda la diferencia de intentar conseguir algo porque lo necesita en lugar de conseguir algo porque se lo merece. "¿Cómo puedo aprender a merecerlo?".

Mi hija me pide diez dólares.

No le doy una respuesta.

Insiste en que tiene que conseguir $10 para la escuela para el día siguiente.

No le doy una respuesta.

Entonces intenta otro método y pregunta cómo podría ganarse 10 dólares.

Y entonces le doy un motivo para ganarse los 10 dólares.

Esta familia tiene mucho dinero, tienen muchísimo en inversiones y guardan otro tanto en la caja fuerte, pero la clave para abrir la caja fuerte no es conseguir algo porque lo necesita, sino porque se lo mereces.

Esto es un gran entrenamiento para la vida de los niños, de la madre en asistencia social, o de quien sea. ¿Cómo puedo empezar el proceso de merecer? Eso es a lo que el Sr. Shoaff llamó desarrollo personal.

Como ya se ha dicho, pero merece la pena repetirlo, aprender nuevas estrategias es como navegar en un velero. El viento sopla en todos los veleros, pero la diferencia en el destino es el despliegue de la vela, no el soplo del viento. Algunos vientos son contrarios, otros severos, otros fáciles, otros suaves, pero a todos nos sopla el mismo viento. La diferencia en el lugar al que lleguemos dentro de tres años no es el soplo del viento, sino el despliegue de la vela. Filosofía, actitud, voluntad de hacer lo básico y fundamental para empezar de nuevo.

DISCIPLINANDO LA DECEPCIÓN

Hay una ley asombrosa que contiene la receta perfecta para practicar el arte de disciplinar su decepción: la ley de la siembra y la cosecha, un gran marco filosófico al que recurrir cuando los tiempos se ponen difíciles.

La ley de la siembra y la cosecha es también la historia de la ley de los promedios, de la que hablamos brevemente en el capítulo 2. La historia del sembrador procede de la Biblia. Soy un aficionado a la Biblia, pero es una historia muy útil y el drama está en los detalles.

El sembrador era ambicioso y tenía una semilla excelente. La excelente semilla puede ser una excelente oportunidad, un excelente producto, una excelente historia. Así que tenemos un sembrador ambicioso con una semilla excelente.

Primero, el sembrador sale a sembrar la semilla, pero la primera parte de la semilla se queda en el camino y los pájaros se la llevan. Del mismo modo, los pájaros se llevarán parte de su semilla.

Usted dirá: "Sr. Rohn, ¿qué significa eso?".

Supongamos que invito a John a una reunión y me dice que estará allí el martes por la noche. El martes por la noche aparezco y John no está allí. *Me pregunto por qué John no ha venido*. Sé la respuesta. Los pájaros. John tuvo la gran idea de venir a la reunión para escuchar sobre esta buena oportunidad y alguien se la robó diciéndole con sorna: "No irás a esa reunión de mercadeo en red, ¿verdad?".

Y John dice: "Bueno, tal vez no".

Así que tiene que darse cuenta de que los pájaros van a coger parte de la excelente semilla que siembra. Ahora bien, cuando los pájaros se llevan algunas, tiene dos opciones. La primera es perseguir a los pájaros, pensando que le dirá a esa otra persona que debería meterse en sus asuntos, pero le recomiendo que no lo haga. Si se vas a perseguir pájaros, abandona el campo, lo que va a distraerle de su futuro, no a sumar. Así que no puede perseguir pájaros y tratar de arreglar este asunto.

La segunda opción es reconocerlo como lo que es: una de esas cosas. El mejor comentario cuando las cosas son un poco decepcionantes es decir: "¿No es interesante? Estaba segura de que John estaría allí, me lo prometió, pero sé que fueron los pájaros los culpables".

La historia continúa. Dice que el sembrador siguió sembrando, y ese fue el secreto de su éxito. Siguió sembrando, y si sigue sembrando, puede sembrar más de lo que los pájaros puedan llevarse. Si sigue sembrando, la ley de los promedios trabajará para usted.

Mi mentor me enseñó diciendo: "Sabe, Sr. Rohn, sólo hay nueve o diez personas realmente desagradables y miserables en todo el mundo. Se mueven mucho, y usted probablemente se topará con una de vez en cuando, pero cuando lo haga, deberá saber que sólo hay nueve más como esa, y usted puede manejar eso".

Bien, ahora el sembrador sigue sembrando la semilla y parte cae en terreno pedregoso donde la tierra es poco profunda. Esta circunstancia no es obra suya: tenía una semilla excelente y es un sembrador ambicioso. Pero esto es lo que ha ocurrido. Esta vez, la semillita que cae en la tierra empieza a crecer y surge una plantita, pero el primer día de calor, se marchita y muere. No es algo fácil de ver.

Del mismo modo, sigo sembrando semillas excelentes y finalmente John se pone en marcha. Sin embargo, tres o cuatro días después, alguien lo espanta y se va. No aparece en la segunda reunión.

Pensé que John duraría una semana. ¿Qué ha pasado? Va a haber días calurosos, y esto no es obra suya. Esto es lo que debes decir cuando suceda: "¿No es interesante?" ¿Qué puede hacer? La respuesta es *nada*. Deje que ocurra, no se le ocurra andar preguntando «¿Por qué? ¿Por qué? ¿Por qué?».

Las respuestas están en la estructura, en las consecuencias y en el trato. Todo lo que vaya más allá no merece ser estudiado.

Se preguntará por qué algunos participan sólo un rato y otros no se quedan. Cuando algunos se van, lo único que puede hacer es cooperar con el modo en que están las cosas.

Puede que diga: "No debería ser así, estoy sembrando buena semilla". Bueno, cuando tenga su propio planeta, podrá reorganizar todo este asunto, pero en este planeta es un invitado. Tienes que tomar las circunstancias de una en una, tal como vienen.

Frase clave: disciplinando su decepción.

El secreto del sembrador ambicioso con buena semilla es que siguió sembrando. Tuvo que disciplinar su decepción. Esta es una frase y una mentalidad clave que debe usar el resto de su vida. Debe aprender a disciplinar su decepción, porque usted no preparó el terreno, y algunos no se van a quedar y eso no es culpa suya, no es culpa suya para nada.

Ahora, por supuesto, si cometió errores graves y los corrió del lugar, eso es diferente: es responsable de eso. Pero si sucede porque ese es el curso normal de las cosas, no hay nada que hacer.

La historia continúa diciendo que la siguiente semilla sembrada cae en terreno espinoso. A estas alturas se estará preguntando: *¿Cuánto de esto tengo que aguantar?* Pues aguante, que no es el final de la historia.

La semilla cae en un terreno espinoso y empieza a crecer una plantita, pero a medida que la planta crece, las espinas la ahogan y muere. Siempre va a haber espinas, así son las cosas. ¿Y qué son esas espinas? La historia las llama pequeñas pre-ocupaciones, pequeñas distracciones, pequeñas cosas que impiden que la planta crezca.

—John, tuvimos una reunión anoche pero usted no llegó.

—Bueno— responde—, no puedo ir a todas las reuniones.

—¿Por qué no?

—Bueno, la puerta mosquitera se salió de las bisagras y no puedo dejar que mi casa se caiga a pedazos. Tengo que tomarme un tiempo y arreglar las cosas que se descomponen.

Y puedo oír a las espinas riendo: "¡Ja!".

Y se había acumulado algo de basura extra en el garaje. No puedo dejar que se acumulen montañas de basura, tengo que sacarla.

"¡Ja!"

Las personas que se dejan engañar por pequeños detalles y pierden grandes oportunidades, a menudo se arrepienten de sus decisiones.

¿Qué puede hacer al respecto? Nada. Así son las cosas. Como el invierno después del otoño y la primavera después del invierno. Las espinas van a salir siempre.

BUENA SEMILLA EN BUENA TIERRA

He aquí la buena noticia. El sembrador sigue sembrando la semilla, sigue compartiendo la historia, sigue invitando.

Frase clave:
si comparte una buena idea el tiempo suficiente, caerá en buenas manos.

Y sí, la invitación puede ser más poderosa un año después que el primer mes, porque ahora se puede compartir que está ganando el doble de dinero a tiempo parcial que en su trabajo a tiempo completo, y la ley de la media sigue funcionando.

Al final la semilla cae en buena tierra, y siempre lo hará si sigue sembrando. Si comparte una buena idea el tiempo suficiente, caerá en buenas personas.

Parte de la tierra buena produjo el 30%, y parte de la tierra buena produjo el 60%, y parte de la tierra buena produjo el 100%. ¿A qué se debe esta diferencia en la producción? Así son las cosas.

CONFIANZA ABSOLUTA

Hace muchos, muchos años tuve una experiencia única que desarrolló para mí algo llamado *confianza absoluta*. Realmente no puedo explicarlo. Probablemente es más un misterio para mí que una realidad, pero está ahí y me ayudó a establecer una teología muy simple, que dice así.

Número uno, creo que Dios es justo, lo que significa que probablemente estoy en problemas. Número dos, creo que la misericordia de Dios perdura para siempre, lo que significa que probablemente tengo una excelente oportunidad.

Es una sensación increíble, confianza absoluta. Es como ser financieramente independiente. Mi padre me dijo: "Hijo, algún día tienes que conocer esta increíble sensación en la que nadie, ni nada, tiene derecho a reclamarte a ti o a tus bienes. Es una sensación increíble; y hasta que no llegues allí, realmente no sabrás lo que es. Alguien no puede decírtelo".

Y creo que lo mismo ocurre con la confianza absoluta. Es tan único que ni siquiera sé cómo enseñarlo. Todo lo que sé es que a mí me ocurrió maravillosamente hace tantos años, y me ayuda incluso con mi vida de alto perfil, ocupada, persiguiendo el mundo para compartir ideas.

La confianza absoluta me da una serenidad subyacente que es absolutamente increíble. Hace que los días sean ajetreados pero tranquilos. Hace que los meses sean muy activos, pero me mantiene anclado. Creo que las semillas de la idea y la experiencia proceden de mis padres, y que sentaron unas bases fantásticas para mí durante mi crecimiento.

He vivido una vida extraordinaria y si tuviera que elegir algo que me sirviera para viajar por el mundo, hablar con la gente, ser empresario, estar ocupadísimo, espero que otros 40 años, esa sería esta idea de la confianza absoluta.

Hay una frase pequeña pero poderosa que es útil para todos: Dios tiene el control. Si finalmente puede llegar a esa conclusión, ese es el comienzo de la confianza absoluta. Dios tiene el control. Una vez que realmente creí eso, empecé a dormir profundamente.

Hay cosas que deberían preocuparle, como si está en medio de una batalla y entra en la tienda del general y está sollozando, ese es un buen momento para preocuparse. De lo contrario, saber y confiar en que Dios tiene el control puede mantener la preocupación a raya.

En última instancia, confiar en que Dios tiene el control y ha diseñado que todo salga bien, me parece bien. Si la vida parece turbulenta y no parece encajar en el momento, puedo superarlo fácilmente mirando más allá del momento a Aquel que está al mando.

La fe es cuando no tiene hechos ni nada que demostrar. Necesita fe. Si todo pudiera demostrarse con hechos y cifras, no necesitaría fe. La fe es una posibilidad humana extraordinaria de ver cosas que no existen, de creer cuando no parece haber ningún apoyo fáctico, así que ahí es donde entra la confianza, la confianza absoluta y la fe para calmar todas las tormentas.

INDEPENDENCIA FINANCIERA

Hablemos ahora de independencia financiera. En primer lugar, mi definición de *independencia financiera es la capacidad de vivir de los ingresos de sus recursos personales*. Esta debería ser la definición de toda persona que viva en un país libre, especialmente en un país capitalista. El objetivo de todo el mundo debería ser vivir algún día de los ingresos de sus recursos personales.

Cuántos recursos necesita depende de cómo quiera vivir. Si quiere vivir modestamente, no hacen falta muchos recursos en un periodo de tiempo bastante breve para tener recursos suficientes para vivir modestamente. Si desea vivir de forma más desahogada, por supuesto, necesita acumular más recursos. Esa es mi visión de la independencia financiera: vivir de los ingresos de sus recursos.

Esto es lo que hace. Puede elegir el trabajo que hace. Puede elegir trabajar o no trabajar. Puede trabajar no porque *tenga que* hacerlo, sino porque *quiere hacerlo*. Cuando hablamos a los niños sobre la independencia financiera, les decimos: "Haz lo que *tengas que hacer* tan rápido como puedas, para que puedas hacer lo que *quieras hacer tanto* como puedas".

Frase clave: la economía es importante.

La siguiente frase clave es economía es especialización. Todo el mundo debería especializarse en economía, porque es una parte vital de su vida. Un sueldo es tan vital porque, en primer lugar, le permite sobrevivir a usted y a su familia. En segundo lugar, le da la oportunidad de tener éxito.

Algunas personas creen que no deberíamos dedicar tanto tiempo a hablar de dinero, pero en realidad deberíamos hacerlo. No es verdad que el dinero sea la raíz de todos los males, aunque muchos lo crean así. Esto es lo que realmente dice el Buen Libro: "El *amor* al dinero es la raíz de todos los males". Estoy seguro de que ha prescindido de la idea de enamorarse del dinero, porque eso no sirve para nada.

Esto es lo noble: lo que se puede hacer con el dinero, los proyectos que puede financiar, el alivio de la deuda que puede crear y el construir un muro financiero seguro alrededor de su familia. Si gana mucho, debería dar mucho. Frase clave de la antigüedad: "Si se te ha dado mucho, se te exige mucho. Si se te ha dado mucha responsabilidad, se requiere mucha de ella. Si se te ha dado mucha riqueza, se requiere mucho de ella".

Todo el mundo tiene que resolver estas cuestiones sobre el dinero para seguir adelante. ¿Debe centrarse en ganar dinero? ¿Hay que buscar el éxito? Creo que debe ganar todo lo que pueda en un tiempo razonable, equilibrando su vida con todo lo demás. Trabajar por la independencia financiera no debe hacerse sacrificando a su familia, sus amistades, ni sus valores e integridad: el equilibrio de todo ello es vital. Llegue tan lejos como pueda, gane tanto como pueda, comparta tanto como pueda.

Pregúntese: "¿Es posible multiplicar sus ingresos por 10 en Estados Unidos?". La respuesta es, por supuesto que sí.

Si multiplica por 10 el salario mínimo por hora actual, ¿se le ocurre alguien que gane 500 dólares la hora? Los abogados de Beverly Hills, donde yo vivo, ganan al menos 500 dólares la hora. Ahora vuelva a multiplicar los ingresos por 10. ¿Sería posible multiplicar los ingresos por 10 y volver a multiplicarlos por 10? Estoy tratando de hacerle un creyente. Las escrituras dicen: "Para aquellos que creen, todo es posible". Nada es imposible. Las cosas más increíbles son posibles para los creyentes, no para los esperanzados-creyentes.

Doy conferencias con Norman Schwarzkopf, el viejo general. Adivine cuánto le pagan por su discurs: $65.000 por una hora. $65,000, no $5,000 sino *$65,000*.

Almorcé con Colin Powell cuando estaba en un panel de oradores para uno de esos seminarios de múltiples oradores. Creo que le pagaron algo así como 70.000 dólares. Es un almuerzo divertido con alguien que cobra 75.000 dólares por hora. Increíble.

Bill Gates ganó 68 millones de dólares en un año. Algunos se preguntan: "¿Es legítimo pagar a alguien 68 millones de dólares en un año?". Y la respuesta es, por supuesto. Si la persona ayudó a la empresa a ganar mil millones de dólares ese año, ¿podría la empresa permitirse pagarle 68 millones? La respuesta es sí. Así es como debe funcionar.

Lo que nos lleva al siguiente capítulo y frase clave: *todo es relativo.*

6

TODO ES RELATIVO

DOS FILOSOFÍAS DIFERENTES

Hay dos filosofías a la hora de gestionar los recursos financieros: la de los ricos y la de los pobres. En primer lugar, la filosofía de la mayoría de las personas con medios modestos es gastar su dinero e invertir lo que sobra. Si les sobra algo, lo ahorran o lo invierten. Esa es la filosofía de los pobres: gastar el dinero y ahorrar lo que sobre.

En segundo lugar, la filosofía de los ricos es invertir su dinero y gastar lo que sobra. Podría ser la misma cantidad de dinero que la gente de medios modestos, pero se gestiona con una actitud y una filosofía diferentes.

Así que puede elegir entre gastar su dinero y ahorrar lo que le sobre o invertir el dinero y gastar lo que queda. Sin duda, la mejor filosofía es invertir el dinero y gastar lo que queda.

Hablemos ahora de qué hacer con un dólar. Para los adolescentes y los niños, éste es un tema especialmente importante, es uno de los mejores lugares para empezar cuando se está en la mitad de la adolescencia y se tiene un trabajo. Es un buen punto de partida, independientemente de la edad.

Frase clave: todo es relativo.

Dado que la actitud determina gran parte de nuestras vidas, nuestro viaje financiero comienza con lo que hacemos con nuestro primer dólar. Todo empieza con lo que hace con sus recursos: su actitud ante el dinero.

DOS RETOS

Hay dos retos en la vida. Número uno, el reto de *desarrollar todo nuestro potencial*. El reto número dos es el *uso sabio de todos nuestros recursos*. Eso resume la vida en general: el desarrollo de todo nuestro potencial y el sabio uso de todos nuestros recursos.

Uno de nuestros recursos es el tiempo, del que hemos hablado a lo largo de los primeros capítulos. Ahora vamos a hablar del sabio recurso del dinero. Cuando conocí al Sr. Sho-aff, me preguntó por mi situación financiera:

—¿Cuánto dinero ha ahorrado e invertido en los últimos seis años?

—Cero.

—Ese no es un buen número—dijo.

—Si tuviera más dinero, tendría un plan mejor— rezongué.

—Si tuviera un mejor plan, tendrías más dinero—dijo él

Frase clave: lo que cuenta no es la cantidad, sino el plan.

La siguiente frase clave que hay que recordar es que lo que cuenta no es la cantidad, sino el plan. Así que, con eso en mente, empecemos con algo tan aparentemente pequeño como 1 dólar. ¿Qué debe hacer con él? Nunca gaste más de

70 céntimos de cada dólar que gane o de cada dólar que le llegue, por regalo o por trabajo.

He desarrollado este pequeño plan simplemente como sugerencia; puede revisarlo y hacer lo que quiera con él. Pero esto es lo que enseño basándome en 1$. Nunca gaste más de 70 céntimos. Ahora nos quedan 10 céntimos y otros 10 céntimos y otros 10 céntimos, que son 30 céntimos más los 70, que es el dólar completo.

Ahora bien, ¿qué hacemos con los 30 céntimos? Aquí tiene la información más importante que puedo darle: los 10 céntimos deben donarse a una organización benéfica, o a la iglesia, o a cualquier proyecto digno que prefiera. Una de las mejores lecciones para enseñar a los niños es a ser generosos. ¿Como enseñamos la abundancia, a dar más de lo que uno mismo puede utilizar? la filosofía de "ser fructífero" significa producir más de lo que necesita, para que tenga algo que compartir.

Algunas iglesias enseñan que el 10% es el diezmo, lo cual está bien. La clave es dar estos 10 céntimos a una institución, una iglesia, o lo que sea, y dejar que ellos lo repartan. Que lo pongan donde haga falta. La mayoría de las organizaciones benéficas conocen de primera mano las necesidades de la comunidad local o del vecindario.

Si piensa donar a una organización benéfica o a una iglesia, pida a los dirigentes que le muestren dónde y/o cómo se gastará su dinero. Así sabrá a dónde va a parar el 10 por ciento si va a diezmar, lo que le dará una gran alegría al darse cuenta de cómo está ayudando a otros necesitados.

Los 10 céntimos siguientes se denominan capital. El capital es cualquier valor que reserva para invertirlo en una empresa que aporta valor al mercado, con la esperanza de obtener beneficios. Eso es el capital y el capitalismo.

Frase clave:
el capital es cualquier valor que se reserva para ser invertido en una empresa que aporta valor al mercado, con la esperanza de obtener beneficios.

Volviendo al ejemplo del agricultor, el maíz de siembra es capital: la semilla que aparta para plantarla en la tierra, cuidarla en verano y planea obtener beneficios y cosechar en otoño. El agricultor aparta sus semillas de maíz. Pregunta: ¿dejaría que su familia se lo comiera? No. Esta semilla no es para comérsela. Es para ser invertida, en la tierra, para correr un riesgo, cuidada en el verano, cosechada y multiplicada en el otoño. Así es como funciona.

Lo mismo ocurre con una parte de su dinero, su capital. Si destina parte de su capital a una empresa, es de esperar que obtenga beneficios. Podemos enseñar a los niños los primeros fundamentos del capitalismo.

La fórmula básica de empezar con un dólar se me ha ocurrido y me ha servido bien a lo largo de los años:

- No gaste más de 70 céntimos (en facturas, ocio, etc.)
- De 10 céntimos a la iglesia o a la caridad.
- Invierta 10 céntimos en su negocio o en una empresa que genere beneficios; deje que otro los utilice. Esto se denomina *capital activo*, en el que realmente se dedica a una empresa que genera beneficios.
- Invierta 10 céntimos como *capital pasivo*. Por ejemplo, ponga dinero en un banco que pague intereses. El banco le paga por el uso de este dinero, o puede invertir en una acción que le pague dividendos, y además puede haber un aumento del valor de la acción.

Si es adulto y acaba de empezar a utilizar esta fórmula, puede que esté en tan mala situación financiera que no pueda hacer el 70, 10, 10, 10. Si es así, puede que tenga que hacer un 97, 1, 1, 1, para pagar sus facturas. Si hasta ahora no ha tenido un buen plan financiero, puede utilizar la fórmula, que lo acostumbrará a tomar decisiones acertadas.

Recuerde: *"Lo que cuenta no es la cantidad, sino el plan"*. Si su situación financiera es mala, puede empezar por no gastar más de 97 céntimos, luego donar 1 céntimo a obras benéficas e invertir 1 céntimo en capital activo y 1 céntimo en capital pasivo.

A continuación, la clave para aumentar los números es reducir las cuentas que tiene que pagar. Cuando empiece a dar más a la caridad y a las inversiones, no se creerá lo emocionante que es ver cómo cambian los números. Recuerde lo que dijo Shoaff: "Para que las cosas cambien, tiene que cambiar *usted*".

Si considera seriamente su situación financiera hoy y se compromete a llegar a ser financieramente independiente, definitivamente puede llegar a los 70, 10, 10, 10.

Hoy es un buen día para trazar un buen plan financiero para el futuro, para saber qué hacer con su dinero.

Ampliemos la fórmula para reflejar su situación actual:

No gaste más del 70% de sus ingresos.

- Done el 10% a la iglesia o a una organización benéfica.
- Invierta un 10% como capital activo, compre y venda para ver si obtiene beneficios.
- Invierta el 10% como capital pasivo. Deje que otro use su dinero y le pague intereses, dividendos, aumento de acciones, lo que sea.

Una señora de México me dijo: "Escuché su plan hace diez años, lo seguí y ahora soy millonaria. Tengo dos propiedades diferentes porque usted también dijo: 'No compre el segundo coche hasta que haya comprado la segunda casa'. No son los coches los que le hacen rico, son los bienes inmuebles los que lo logran'. Ahora estoy a punto de comprar la tercera casa, así que me estoy dando el lujo de comprar el tercer coche".

Pequeñas ideas sencillas que marcan una gran diferencia.

Luego dijo: "Seguí los 70, 10, 10 y 10. Se lo enseñé a otras personas. Ellos también lo siguen y obtienen grandes resultados".

Una cosa que no sabía cuando crecía, y que descubrí a los 25 años, es que *podía* trabajar al mismo tiempo en mi vida y en mi fortuna, si *tenía* un buen plan. Yo también le doy ese consejo. No se dedique sólo a ganarse la vida, sino también a forjarse una fortuna. Trabaje para ser económicamente independiente.

La independencia financiera es la capacidad de vivir de los ingresos de sus recursos invertidos personalmente, y el día que pueda hacerlo será un gran día. Es emocionante poder trabajar por placer y no por necesidad. Y, por extraño que parezca, probablemente trabaje mucho más por placer que por necesidad.

GANARSE LA VIDA O HACER FORTUNA

Tengo un fantástico amigo que puso en marcha una empresa; y cuando la tuvo en marcha, unos tres años después, ya no tuvo que trabajar más el resto de su vida. Ahora es financieramente independiente. Creó una fortuna tan grande que durante los siguientes 20 años de su vida trabajó por gusto, no por necesidad. Le animo a que llegue a esa situación lo antes posible.

Trabaje tanto en su sustento como en su fortuna. La razón de ganarse la vida es hacer una fortuna, no necesariamente de lo que vive, sino de lo que gana, porque ha invertido sabiamente.

El otro día una señora me dijo:

—Sr. Rohn, me dedico a los bienes raíces.

—Maravilloso. ¿Cuántas propiedades tiene?

—No, no, yo *vendo* bienes raíces—me explicó.

—Bueno, déjeme preguntarle una vez más, ¿cuántas propiedades tiene?

Para que me entendiera, agregué:

—La razón de vender inmuebles es ganar dinero para comprarlos. Si *vende inmuebles*, se gana la vida. Si *compra* inmuebles, gana una fortuna.

—Lo entiendo—me respondió—. He recibido el mensaje, gracias.

Así que no compre el segundo coche hasta que haya comprado la segunda casa.

Frase clave: gane una fortuna con sabias ganancias de inversión.

CREAR RIQUEZA

El uso inteligente de los recursos financieros es sencillo, directo y fácil de poner en práctica, y lo mejor de todo es que funciona. Sin embargo, a la mayoría le cuesta creer que crear riqueza pueda ser tan sencillo. Pensamos: *¿Debo invertir de forma conservadora o agresiva? ¿Qué tipo de inversiones debo seleccionar? ¿Debo invertir cuando tengo tarjetas de crédito que pagar?*

Todo el mundo de las opciones financieras parece insoportablemente complejo, pero yo le animo a resistirse a esta complejidad eligiendo un plan que le parezca adecuado y, lo que es más importante, empezando hoy mismo.

Yo digo que averigüe lo que cree que es mejor para usted y lo pruebe.

En parte es una cuestión de edad. Cuanto mayor es uno, más conservadoras son las inversiones. Los más jóvenes tienden a hacer inversiones más audaces que podrían reportar grandes dividendos si se cobran bien, pero creo que lo mejor es una mezcla de inversiones con buenas perspectivas de crecimiento. Tiene que decidir su propia aversión al riesgo, si realmente puede tolerarlo o no.

¿Cuál sería una buena gestión del dinero? Piense que puede amortizar su casa en 15 años en lugar de 30 añadiendo sólo un pago más cada año. ¡Un plan sencillo que puede ahorrarle más que el precio de la casa! A algunas personas realmente no les importa amortizar la hipoteca mientras sus pagos mensuales sean bajos. Ésa es una filosofía válida, pero no es buena.

Y si está pagando un 14-16 por ciento de interés en las tarjetas de crédito, si las amortiza y paga su casa en 15 años en lugar de 30, por supuesto ahora puede comprar casa, otra casa, y conseguir una hipoteca a 15 años.

¿Por qué no ahorrar? ¿Por qué no ser prudente? ¿Por qué no ser precavido? Es una buena práctica, aunque sea rico. Es sabio ser lo más prudente posible, no ser tacaño, no intentar engañar a nadie, sino hacer cosas sabias con sus recursos.

SEGUNDO GRAN RETO

Los dos grandes retos en la aventura de la vida son: 1) el pleno desarrollo de todo su potencial, y 2) el sabio uso de todos sus recursos, incluidos tu dinero y su tiempo, que son dos de los principales recursos. Es importante para su éxito cómo utiliza su tiempo y su dinero.

Por ejemplo, enseño tanto a adultos como a estudiantes que es importante no tener una cuenta de ahorros. Es importante tener una cuenta de inversión, sólo un cambio de terminología, pero un gran cambio de filosofía. Es el mismo dinero, pero el resultado es diferente dependiendo de dónde lo ponga. Una cuenta de inversión aumentará su dinero más rápido que una cuenta de ahorro.

A veces hay que pedir ayuda profesional. Acuda a una fuente creíble y bien informada y dígale: "Mire, esto es lo endeudado que estoy. ¿Qué puedo hacer?". Pide también buenos planes alternativos. Quizá la familia no pueda tolerar un programa severo para el futuro inmediato, o tal vez haya uno que lleve un poco más de tiempo, pero empiece cuanto antes: no hay nada más estimulante, realmente, en términos de autoestima y autovaloración que empezar. El mero hecho de pensar: *"Al menos, ya no voy marcha atrás"*, le hará sonreír día tras día.

Se dice que "si está en un agujero, deje de cavar". Al menos deténgase donde está, y ve si ahora puede construir una escalera, la mejor que pueda diseñar en este momento, con algo de ayuda. Si se trata de finanzas y está agobiado por las deudas de las tarjetas de crédito, le recomiendo que busque a alguien que tenga buenas estrategias para salir de deudas.

Hay algunos programas que frenarán a los cobradores. Si está convencido de tener un plan, en lugar de empujarse a la bancarrota, hay organizaciones que le ayudarán a reorganizar sus finanzas para que pueda empezar a cavar su camino de salida. Es sorprendente lo entusiasmado que se sentirá una vez que empiece a hacer cambios. Las cifras no tienen por qué ser enormes, siempre y cuando esté progresando.

¿Hay que ser empresario, como yo, para hacerse rico? En última instancia, su actitud y tu filosofía tienen mucho más que ver con su riqueza que con su profesión.

Puede convertir parte de sus ingresos actuales, utilizar sabiamente los recursos de esos ingresos para obtener beneficios, incluso si deja que otras personas utilicen el dinero y le paguen intereses en dividendos. Si al menos hace eso, compre y venda o no, puede empezar a hacer fortuna.

¿POR QUÉ NO?

Si ha trabajado en un empleo durante 20-30 años, ¿por qué no compra una propiedad y la vende por más de lo que pagó por ella? ¿Por qué no compra una casa y la vende por más de lo que pagó por ella? ¿Por qué no compras una propiedad que necesita reparaciones? ¿Encuentras a alguien que la repare y la vendes por más de lo que pagaste por ella? ¿Por qué no hace eso durante los próximos 40 años, además de trabajar, invertir, cumplir con su deber y jubilarse como un empleado fiel?

¿Por qué no trabajar tanto en su fortuna como en su vida? ¿Por qué no? Si lo menos que hiciera fuera tomar parte de lo que ha ganado para vivir, y dejar que otro lo use y le pague por el uso. Si hiciera eso durante 40 años, fácilmente sería financieramente independiente, no de su trabajo, sino de sus inversiones.

Claude Olney, creó un programa y lo llamó "Donde hay voluntad, hay una A". Se convirtió en un infomercial de gran éxito y en varios libros. Asistió a mis seminarios años antes de crear ese programa y dijo: "Tengo una idea. ¿Qué te parece?"

Le dije que era un estupendo proyecto.

Sin duda, le hizo ganar millones. Ganaba dinero con cada coche que compraba, por la increíble forma en que lo cuidaba y lo hacía brillar y relucir, de modo que cuando se disponía a venderlo valía más que cuando lo compró. Ese era uno de sus proyectos. "Voy a ganar dinero con cada coche que compre".

Su fortuna depende de su actitud y su filosofía, y la respuesta es: "¿Por qué no?".

Asombroso. Dos personas diferentes con dos actitudes diferentes. Una lo deja pasar todo porque no parece hacer ninguna diferencia mientras otra dice: "Gano dinero con todo lo que toco. Todo lo que toco mejora, no se arruina, sino que mejora".

Un tipo que tenía varios pisos me dijo un día:

—Casi todo el mundo deja el piso que alquila peor de lo que lo encontró.

—¿En serio? Tienes que estar bromeando.

—No, algunos lo dejan destrozado.

Qué horror. Por otro lado, imagine que todo el mundo tuviera la actitud o la mentalidad: "Dondequiera que esté, voy a dejarlo mejor de lo que lo encontré". No sólo lo que hace por el mundo, porque es un lugar mejor si hace eso, sino lo que hace por su propia psique. "Todo lo que toco se limpia, se mejora, se pinta y se restaura. Incluso si me alejo".

Puede que diga: "Bueno, alguien más va a disfrutarlo todo". Que así sea, esa no es la clave. La clave es que mi filosofía es que dejaré todo mejor de lo que lo encontré.

TRES CLAVES MÁS SOBRE LA INDEPENDENCIA FINANCIERA

1. LLEVAR UNA CONTABILIDAD ESTRICTA.

Otra clave de la independencia financiera es llevar una contabilidad estricta. En parte por costumbre, en parte por autoestima y en parte por beneficios futuros. Lleve una contabilidad estricta de lo que haces con tu dinero, dónde lo gastas, dónde lo inviertes... controla todos tus recursos financieros. Llevar una contabilidad precisa y puntual de tu dinero es un buen hábito. Es como sacar la basura y llegar puntual a las citas, se convierte en la persona que es. Lleve una buena contabilidad.

2. PAGUE SUS IMPUESTOS.

Por fin soy un contribuyente feliz. Esto es lo que hace el pago de impuestos: alimenta a la gallina de los huevos de oro llamada oportunidad americana. Usted dirá: "Bueno, la gallina come demasiado". Probablemente sea cierto, pero tomen nota, mejor un ganso gordo que ningún ganso.

3. TODO EL MUNDO DEBERÍA PAGAR IMPUESTOS.

He aquí la siguiente clave: todo el mundo debería pagar. Mi filosofía personal es que todo el mundo debe pagar impuestos federales, estatales y de cualquier otro tipo. No es sensato que el gobierno deje a un tercio de los ciudadanos estadounidenses fuera de los impuestos federales. ¿Por qué? Porque no pagar impuestos priva a la gente de su dignidad, de formar parte del proceso. Todos los ciudadanos deben pagar los impuestos que les corresponden, independientemente de su nivel de ingresos.

Hace tiempo que tengo en mente escribir un libro titulado *Por supuesto que los niños deben pagar impuestos*. ¿Por qué? Porque cuando un niño de California entra en 7-Eleven y compra algo que cuesta un dólar, el propietario le pide ocho peniques más.

El niño pregunta para qué son los ocho peniques, y se le explica que es para los impuestos. El niño discute que es demasiado chico para pagar, y el propietario lo felicita, diciéndole que es su contribuyente más joven, y le exige el dinero.

¿Deben pagar impuestos los niños? Sí. Si quiere ir en bicicleta por la acera en vez de por el barro, tiene que soltar los ocho céntimos. Los impuestos pagan las aceras.

¿Y si es pobre? ¿Paga los ocho peniques? Sí. ¿Y si es rico? Sí. Eso significa que todo el mundo debería pagar impuestos estatales y locales. Lo mismo debería aplicarse a los impuestos federales. No me importa si son 10 dólares al año o 100 dólares al año o 1.000 dólares al año. Independientemente de sus ingresos, tiene que decir: "No importa lo pobre que sea en este momento, haré mi contribución a la comunidad (el estado, el país)". Esa es la clave para que la sociedad funcione lo mejor posible. Todo el mundo debería pagar impuestos.

Los impuestos pagan a nuestros militares que mantienen nuestro país a salvo y seguro. Tenemos que pagar a algún joven voluntario que arriesga su vida en aterrizajes nocturnos en un portaaviones. Si quieres ese tipo de seguridad en el mundo, tienes que pagar. Por supuesto, a veces podemos estar en desacuerdo con la política del gobierno y todo lo demás, pero eso no niega nuestra responsabilidad de pagar.

La siguiente es una de las mejores historias que se han escrito sobre dar. Según el relato, un día Jesús y sus discípulos estaban en la sinagoga. Y en esta ocasión tenían un proyecto interesante, pararse afuera de la sinagoga mientras la gente entraba y verlos poner dinero en la tesorería de la sinagoga. Se dieron cuenta de que algunas personas daban grandes cantidades, otras venían con cantidades modestas y otras daban pequeñas cantidades.

Entonces llega una señorita y pone dos peniques en el tesoro.

Y Jesús dijo a sus discípulos que observaran bien lo sucedido, a lo que ellos respondieron "Son dos peniques. ¿Qué son dos peniques?"

"No, no lo entienden", responde Jesucristo. "Ella dio más que todos los demás".

"¿Dos peniques es más que lo que ofrecen los demás?» dudaron ellos.

"Sí, porque estoy seguro de que sus dos peniques representaban la mayor parte de lo que tenía. Así que como dio la mayor parte de lo que tenía, dio más que la mayoría".

Cuando la pequeña señora puso dos peniques en el tesoro y se marchó, esto *es lo que no ocurrió*. Jesús *no* corrió tras ella diciendo: "Alto. Un momento, señorita. Mis discípulos y yo hemos decidido que, como su situación es tan lamentable y usted es pobre, hemos decidido sacar los dos peniques del tesoro y devolvérselos".

Eso no ocurrió. Si hubiera ocurrido, la señora se habría sentido insultada, y podría haber dicho: "Oiga, sólo eran dos peniques, pero era la mayor parte de lo que tenía. ¿Quiere robarme la alegría de dar mis dos peniques?".

Jesús le dejó dos peniques en el tesoro, a pesar de que era pobre. ¿Qué significa esto? Todo el mundo debe pagar, debe contribuir al mayor bien de todos, aunque sólo sean dos peniques.

7

PROTECCIÓN Y GESTIÓN DEL TIEMPO

Para mantener el impulso generado por el entusiasmo inicial de dar un giro a cualquier aspecto de su vida, necesita aprender a dominar el uso de su tiempo. Esto implica no sólo la habilidad de gestionar el tiempo, sino la habilidad de protegerlo en nuestro mundo moderno de distracciones crecientes, interrupciones no deseadas y ruido: debemos ser capaces de proteger nuestro tiempo y reservarlo para nuestras prioridades más importantes.

El tiempo es precioso, y la vida no es sólo el paso del tiempo. La vida es un conjunto de experiencias, su frecuencia y su intensidad. La vida no es sólo ver pasar el tiempo. Cuando mi amigo Mark murió a los 44 años, alguien dijo: "Es demasiado joven para morir". Pero ¿y si hubiera vivido cuatro vidas en una? Puede que no sea demasiado joven. Sea cual sea la duración de nuestras vidas, creo que deberíamos querer llenarla de experiencias y de la intensidad de esas experiencias.

ENFOQUES DE LA PROTECCIÓN Y GESTIÓN DEL TIEMPO

Hablemos ahora del tiempo y de los enfoques para su gestión y protección.

1. NO TRABAJE MÁS, TRABAJE CON MÁS INTELIGENCIA.

Hace años trabajaba más y durante más tiempo, pero ese enfoque tiene un límite. El primer año casi pierdo la salud. Me volví tan loco por el desarrollo personal y los logros que me volví loco. Ya les comenté que estaba delgado. Al final del primer año, era un esqueleto andante. Entonces se me ocurrió: *¿Y si me hago rico, pero estoy demasiado enfermo para disfrutarlo?* Aquello me sorprendió. Trabajar más y durante más tiempo puede ser adecuado para algunos, pero a la larga, no se puede trabajar tanto durante tanto tiempo.

Así que la clave no está en trabajar más duro, sino más inteligentemente. Cuando ha trabajado todo lo que ha podido, haciendo lo mejor que ha podido en términos de producción física en un tiempo razonable y no está obteniendo los resultados deseados, debe volverse más hábil. Esta es la solución definitiva en la gestión del tiempo: simplemente hay que volverse más hábil.

Cuando entré por primera vez en el mundo de las ventas, mis colegas eran personas que podían conseguir 8 o 9 de cada 10 ventas. Cuando yo empecé, solo conseguía 1 de cada 10 ventas, así que trabajé sin descanso para compensar en números lo que me faltaba en habilidad. Es una buena estrategia en ventas. Cuando se es nuevo, se compensa con números lo que le falta de habilidad.

Cuando se vuelve más hábil, no tiene que trabajar tanto. Pero al principio, si quiere competir o mejorar de verdad, tiene que dedicarle tiempo y trabajo. Cuando obtiene más de usted mismo y desarrolla más su personalidad, la gestión del tiempo se convierte en una tarea más fácil.

2. O DIRIGE USTED EL PROYECTO O EL PROYECTO LO DIRIGE A USTED.

Descubrí que cuando empezaba algo, al principio estaba a cargo de todo. Luego, un año después, me di cuenta de que estaba al mando. Estaba al mando de las empresas que creaba, tenía el control. Un par de años después estaba fuera de control, hago todo a la carrera y me siento mareado, intentando hacer todo el trabajo. La clave está en hacerse cargo.

Es fácil poner en marcha algo y es fácil perder el control cuando sigue creciendo. Por experiencia propia, la empresa que puse en marcha se expandió a 13 oficinas que abarcaban un gran séquito. Eran noches cortas y días largos y una demanda incesante de mi tiempo y actividad. En aquel momento de mi vida, estuvo bien y creó muchos buenos resultados y sentó unas buenas bases para muchas carreras futuras. De hecho, tengo una lista bastante larga de personas que se inspiraron y formaron en él y participaron en el programa, pero luego cambié el formato para adaptarlo a mi vida personal, lo que me ha dado buenos resultados.

Sigo teniendo una gran carga de trabajo, pero casi todo se hace por mí. Por ejemplo, sigo cultivando en Idaho, pero ahora se me conoce como un "granjero a la distancia". Un "granjero a la distancia" da órdenes y otras personas hacen el trabajo. Es diferente de ser un granjero que hace el trabajo por sí mismo. Me crié en el campo, donde todavía tengo mi granja, y ahora tengo el lujo de contar con participantes que se ocupan de mi agricultura, de la construcción de mi casa; y mi hija se ocupa de todas mis cuentas, residencias y mis bienes inmuebles. También tengo buenos socios comerciales. Eso es un lujo extra cuando puede trabajar en su especialidad y otras personas trabajan para que sea valiosa.

Uno de mis libros se titula *Toma las riendas de tu vida*. Del mismo modo, podría escribir libros titulados: Hazte cargo de tu tiempo, hazte cargo de tus recursos y hazte cargo de tu salud. Pero todo depende de usted. Usted es el único responsable de su vida.

La sociedad no le exige que se mantenga sano y cuide de su familia: es usted quien debe hacerlo. La sociedad no le exige que construya un muro de seguridad financiera alrededor de su familia, ese es un requisito que se impone a sí mismo para que nada pueda invadir su seguridad. Impóngase a usted mismo el autodesarrollo de hacerse cargo de su vida, de su salud, de su futuro, de sus responsabilidades, y de todo lo demás.

3. UN TIEMPO RAZONABLE ES EL TIEMPO SUFICIENTE PARA ALCANZAR TODOS SUS OBJETIVOS.

Tuve que aprender que un tiempo razonable es tiempo suficiente, lo que me llevó a darme cuenta de que *no son las horas que dedica, sino a lo que dedica las horas*. Si empieza a depositar mayores ideas en las horas que tiene, ¡no tiene idea de la productividad que fluirá! Las ideas empezarán a fluir cuando deposite esas ideas en las horas que tiene, y la productividad se multiplicará por 2, 5, 10, ¡no hay límite!

4. REDACTAR UN CONJUNTO DE OBJETIVOS Y PRIORIDADES.

Antes de escribir, responda a estas preguntas: ¿Cuáles son mis objetivos? ¿Qué es importante esta semana? ¿Qué es importante este mes? Después de escribir sus objetivos y prioridades, repáselos a menudo para asegurarse de que su lista le sirve de inspiración. Puede que alguien le pregunte por el camino: "¿Por qué madrugas tanto?". Responda: "Si te dirigieras hacia donde yo me dirijo, también te levantarías temprano. Si fueras a reunirte con quien yo voy a reunirme, te habrías levantado temprano. Si se te acumularan las cosas como se me acumulan a mí, ¡tú también madrugarías!".

5. APRENDER A ESTUDIAR LAS ESPECIALIDADES Y LAS ESPECIALIDADES MENORES.

Determine qué es crítico y qué es rutinario. Por ejemplo, antes de coger el teléfono para hacer una llamada, piense: *"¿Va a ser una conversación importante o una conversación menor? Si es de poca importancia, unas pocas palabras de cortesía y ya está. Si es importante, tal vez deba tomar algunas notas de antemano.*

Las conversaciones importantes pueden requerir escribir una agenda antes de hacer la llamada. Es demasiado fácil hablar sin pensar, y hacerlo puede llevar a terminar una conversación así: "Umm, veamos. Había algo más que quería comentar, hmm... ahora mismo no se me ocurre. Te volveré a llamar". Ese tipo de incertidumbre le hará parecer un poco incompetente. Escriba una agenda antes de hacer una llamada importante y tome notas durante la llamada para asegurarse de que ha cubierto todos los puntos vitales. Este sencillo paso le evitará dolores de cabeza más adelante.

Por ejemplo, cuando vuelva a hablar con el vendedor dentro de un par de semanas, la conversación puede ser la siguiente: "Hola, John, ¿recuerda esas cuatro cosas que repasamos en nuestra última llamada telefónica?".

"No, no hemos hablado de eso", responde.

Luego saca la agenda que tenía para la llamada y ahí están sus puntos y sus notas, que le recita a John.

"Oh, sí, ahora me acuerdo", dice.

Los vendedores son especialistas en convencer a la gente de lo que sólo está en su cabeza, y si no tienen una pequeña prueba, perderán esa oportunidad. Haga una agenda antes de llamar.

Frase clave: no le ponga tanto interés a las cosas sin importancia.

Clave: No se dedique tanto a las cosas sin importancia. Si dedica mucho tiempo a las cosas menores, estará constantemente quedándose atrás. En el entrenamiento de ventas, el tiempo menor es: pensar en prospectos; hacer listas de prospectos; mantener libros de prospectos; ir a ver al prospecto; evaluar al prospecto después de haberse reunido. Todo eso es tiempo menor.

El tiempo importante es estar en presencia del cliente potencial. Si estás en ventas y al repasar las actividades de una semana ve que dedica el 90% de su tiempo a cosas menores, sabe que tiene que hacer un cambio. Pregúntese: ¿Cuántas horas de mi semana de ventas estoy en presencia de un cliente potencial? Ese es el tiempo que realmente cuenta: estar en presencia del cliente potencial.

6. NO CONFUNDA MOVIMIENTO CON LOGRO.

Este es otro aspecto esencial de la protección y la gestión del tiempo. Es fácil engañarse estando ocupado. Un tipo llega a casa por la noche, agotado, se deja caer en la silla y dice: "Oh, he estado yendo, yendo, yendo". He aquí la gran pregunta. ¿Haciendo qué? Algunas personas van, van, van, y todo lo que hacen son ochos. No progresan mucho. Así que no confundas movimiento con logro.

7. NO CONFUNDA CORTESÍA CON CONSENTIMIENTO.

Esto también ocurre en la formación de ventas. Si alguien es agradable y asiente con la cabeza, puede pensar: *"Oh, van a comprar"*. No, puede que sólo sean corteses. No se puede confundir la cortesía con el consentimiento.

8. CONCÉNTRESE.

Aprendí el arte de la concentración hace años, cuando estaba en la ducha intentando dictar una carta, y resultó ser una carta extraña. Como resultado, aprendí a dejar el trabajo para cuando llegara a la oficina. Deje el trabajo para cuando llegue al trabajo. No intente llegar a la oficina de camino al trabajo, cuando esté en camino, disfrute del paisaje y de la ruta. En la ducha, disfruta de la ducha. Luego póngase a trabajar cuando llegue al trabajo. Esta lección me ha resultado muy útil: concéntrese.

9. APRENDA A DECIR "NO".

Aprender a decir no es crucial para gestionar su tiempo. En la sociedad tan social que tenemos ahora, es tan fácil intentar ser una buena persona diciendo sí, sí, sí a todo. Rápidamente se encontrará sobrecargado con lo menor sin tiempo para lo mayor. Elija a qué dedica su tiempo, pero sin decir que sí demasiado rápido. Cuando le inviten a algo menor, responda con un comentario del tipo: "Muchas gracias, pero no creo que pueda encajarlo en mis compromisos ya adquiridos. Pero si algo cambia, le llamaré". Mi amigo Ron Reynolds dice: "No deje que su boca sobrecargue su espalda". Es una buena frase.

10. NO JUEGUE EN EL TRABAJO, NO TRABAJE DURANTE EL JUEGO.

Cuando trabaje, trabaje; cuando juegue, juegue: no mezcle las dos cosas. El trabajo es algo serio, y no querrá tener la reputación de ser el bromista de la oficina. No es una buena reputación. Sí, hay tiempo para historias agradables y para un poco de humor, y sí, se trabaja mejor si es una oficina feliz, por supuesto. Pero tiene que tomarse en serio el trabajo porque está desprendiéndose de una parte de su vida para hacer el trabajo que hace. Su trabajo le cuesta una parte de su vida, se le llama trabajo serio, no triste, no infeliz, sino serio. No juegue en el trabajo. Trátelo con la debida pasión conservadora porque le está conduciendo a su futuro.

11. RECONOZCA SUS DEBILIDADES.

Tómese su tiempo para analizar los puntos débiles que tenga y si le están haciendo perder el tiempo. Un ejemplo personal: solía prometerme a mí mismo que trabajaría en los libros de contabilidad financiera, pero luego me di cuenta de que esa tarea no se me daba bien y me quitaba demasiado tiempo de la especialidad. Al final me rendí y contraté a un contable para que llevara los libros, y entonces sólo me costó unos 60 dólares. Analice sus puntos débiles y haga cambios si es necesario.

12. CUIDADO CON LAS DISTRACCIONES.

Cuidado con el tiempo que pasa al teléfono y a todos los demás sistemas de comunicación, en el trabajo y en casa. Deje que todos los sistemas de comunicación le sirvan, pero no deje que se entrometan.

Cuando llegue la hora de cenar con su familia, apague todos los sistemas, excepto quizá los que puedan tomar mensajes en silencio. No deje que suene el teléfono ni que nadie se entrometa en el momento familiar, que es importante. Que nadie entre por la puerta principal, la trasera, el teléfono o cualquier otro dispositivo. Ni John ni el presidente de los Estados Unidos deben perturbar el tiempo que pasa con la familia. Si desarrolla ese tipo de reputación, con su padre o madre, cuando cenamos, cuando estamos de visita y tenemos este tiempo con nuestra familia, nada se entromete. No permita que ningún ingenioso aparatito se entrometa, distraiga o moleste. Debe tener un lugar y un tiempo que sea sacrosanto porque es valioso. No deje que entre nada durante ese periodo de tiempo, y del mismo modo, sea respetuoso con el tiempo de la comida familiar de los demás.

Hace muchos años le pregunté a un alguien cuánto costaba su televisor. Sabía que era un gran aficionado a la televisión.

Cuando me respondí que costaba cuatrocientos dólares le respondí que eso no era verdad.

—Sí, pagué cuatrocientos dólares por este televisor—me afirmó.

—Bueno, déjame decirte lo que creo que te está costando, porque sé el tipo de talento y habilidades que tienes. Creo que te está costando unos 40.000 dólares al año no por tenerlo, sino por verlo—le dije.

Lo caro no es *tener* un televisor, lo caro es verlo. ¿Qué otra cosa podría hacer en ese momento, si tiene mucho dinero, en términos de estilo de vida? Y, si no tiene mucho dinero, ¿qué pasaría si usara el tiempo que pasa viendo televisión para aprender adecuadamente un par de habilidades extra? ¿qué pasaría con sus ingresos?

Le conté todo esto a esta persona y se sintió tan inspirado y convencido con mi pequeña charla que hizo que su cuñado viniera en su camioneta y se llevara su televisor.

—Tengo una nueva filosofía—me dijo—. Voy a tomar el tiempo que paso viendo televisión y voy a convertirlo en una fortuna.

Todo lo que hace falta es una idea, y no tiene por qué ser tan radical, a menos que desee que sea así. Más tarde tuvo otro televisor, pero entonces aprendió a apagarlo y a emplear el tiempo sabiamente. De momento, quería demostrarse a sí mismo que estaba preparado para hacer algo radical.

—Jim Rone tiene razón—aceptó—. Este televisor me cuesta una fortuna. Comprarlo me sale barato, pero verlo resulta muy caro.

Frase clave: aprenda a racionar su tiempo.

La televisión es útil, pero utilízala con prudencia. Igual que la comida, úsela con prudencia. En el liderazgo, enseñamos a comer lo suficiente para estar sano y reunir fuerzas, y no más. Tiene que aprender el "no más". Haga toda una filosofía sobre ello. ¿Cuánto descanso? Lo suficiente para estar sano y reunir fuerzas, y no más. ¿Por qué gastaría más de lo justo para reunir fuerzas y estar sano tanto en comida como en descanso?

Si se excede con la comida y el descanso, se convierten en perjuicios, no en soporte vital. Creo que es una forma estupenda de ver la vida: dejar que lo esencial sirva, pero sin entrometerse. Si deja que la televisión sirva, bien, pero si deja que se entrometa, eso no está bien. Se dice que la persona media ve la televisión cinco horas al día, y yo creo que es demasiado. No es que la televisión no sea buena, es buena, pero la gente dedica demasiado tiempo a verla cuando hay muchas otras formas más productivas de pasar el tiempo. Una buena manera de verlo sería usarla para que sirva, no para que estorbe. Lo mismo ocurre con los computadores y el tiempo que se pasa en línea.

Cuando tiene una filosofía y una actitud saludables que dan un giro a su vida, marcan la pauta de lo que hace, no hace, corrige, reorganiza y se ajusta al estilo de vida que desea. Si siente que es como un adicto, incapaz de "dejarlo ir", sabe que tiene un problema. No importa si se trata de alcohol, drogas o su computador, es posible estar conectado y desconectado. Proteger su tiempo también evita problemas que pueden salirse rápidamente de control.

13. DE UN PASO HACIA ABAJO, O HACIA ATRÁS.

Baje de nivel a algo más fácil. Esta persona que trabaja en ventas dice: "Quiero ser dueño de la empresa". Finalmente lo logra y se convierte en dueño de la empresa, pero ahora no tiene tiempo para jugar al golf, así que ahora dice: "Cuando estaba en ventas, ganaba mucho dinero y jugaba al golf tres días a la semana. Ahora que soy propietario, mi vida ya no me pertenece".

Si está demasiado presionado y la vida no es tan excelente como esperaba, puede plantearse dejar el trabajo o volver a un estilo de vida con menos presión de tiempo.

Un ejemplo perfecto: Una niña le dice a su madre:

—Papá llega a casa con su maletín, me da unas palmaditas en la cabeza y me dice: 'Hola', luego desaparece y se pone a trabajar en sus papeles. ¿Por qué papá no juega conmigo?

—Tu papá te quiere mucho—responde la madre—, pero está tan ocupado en el trabajo que no puede terminarlo todo. Tiene que traer a casa lo que le faltó completar. Te quiere, pero por eso no puede jugar contigo.

—Y ¿por qué no lo ponen en un grupo de adultos más lentos?—preguntó inteligentemente la niña.

Si no tiene tiempo para sus hijos, puede plantearse el unirse a un grupo más lento. ¿Recuerda cuando dije que algunas cosas de las que deseaba me costaban demasiado? Le insto a que reconsidere sus circunstancias también.

14. ¡PIENSE!

¿Qué absorbe su atención? Sea consciente de dónde está su atención. Si todo el tiempo que dedica a pensar lo emplea en estar ocupado y no en ser creativo, entonces la invasión de su tiempo creativo es demasiado pesado. Necesitamos tiempo para pensar. El título del libro más vendido de Napoleon Hill es *Piense y hágase rico*. Hoy en día se dice: "Conéctate a Internet y encuentra todas las respuestas". Hill dice en esencia: "No. Piense, piense y crece. Piense y hágase rico. Piense en mejores formas de hacer las cosas, piense en tiempos mejores o en mejores formas de ser creativo, no sólo de estar ocupado".

15. APRENDA A HACER PREGUNTAS POR ADELANTADO.

Esto ahorra mucho tiempo. Hacer preguntas por adelantado le ayuda a abordar la cuestión o el problema con rapidez. No se lance sin más a un discurso y pierda 30 minutos o una hora cuando podría haber estado resolviendo el problema. No de rodeos ni permita que la otra persona eluda la cuestión principal. Haga preguntas por adelantado.

16. APRENDA A PENSAR EN PAPEL.

Una forma de resolver problemas es sacarlos de la cabeza y ponerlos por escrito. Otra forma es fijarse objetivos y escribir cada uno de ellos en un papel, junto con otros detalles. Otra buena forma de pensar sobre el papel es crear un libro de proyectos. Escriba en una libreta o tableta el nombre de cada persona con la que trabaja y el nombre del proyecto. Luego escriba un resumen breve y continuo de cómo va todo entre usted y la persona y entre usted y el proyecto. Esto me ha resultado muy útil. Cada vez que se reúnan, puede repasar sus notas y saber mejor de qué hablar.

Cuando el presidente se prepara para viajar y va a reunirse con gente importante, se le dan libros informativos. Por ejemplo, puedo imaginar que la conversación sea algo así: "La última vez que estuviste con Khrushchev", se le informa a Kennedy, "esto es lo que él dijo, y esto es lo que tú dijiste". Kennedy dice: "Oh, eso es valioso. Necesito recordarlo".

Para causar una buena impresión, mantenerse al día y poner orden en un proyecto o reunión, tómese el tiempo necesario para llevar libros de proyectos.

16A. LLEVE UN REGISTRO DE TODAS SUS CITAS.

Una parte de pensar en papel incluye un calendario de citas. Hoy en día existen muchos de ellos. Llevar un registro de todo lo que ocurre en tu vida -profesional y personal- es vital. El mío está lleno de detalles, como cuándo y dónde sale el avión, a qué hora empieza el seminario, dónde se celebra la conferencia y todo lo demás programado. Lleva también un registro de las fechas de vencimiento de las facturas (seguro de la casa, del coche, etc.). Saque estas fechas de su cabeza y póngalas en su calendario.

La última clave para pensar en papel es llevar un diario. Soy conocido en todo el mundo por llevar un diario, desde hace unos 40 años. Mi diario no es necesariamente un diario. Puede ser parte de un diario. Puede que esté sobrevolando Irlanda y anote algunas cosillas que me han impresionado, como: *Hoy he conocido _____. Vaya, qué acontecimiento tan extraordinario. Hoy he dirigido un seminario en Roma. Mil personas se han puesto en pie y han cantado para mí.* Tengo un poco de diario, pero principalmente mi diario sirve para recopilar buenas ideas.

Un diario sirve para recopilar buenas ideas sobre tu salud, tu negocio, tu futuro y buenas ideas para gestionar el tiempo. Yo solía tomar notas en trozos de papel y en esquinas y reversos arrancados de sobres viejos y manteles individuales de restaurantes, y luego tiraba todo esto en un cajón. Este método no me servía. Al final me compré un diario y lo llevo a casi todas partes. Si te pillan sin tu diario, toma notas y luego pon esas notas en tu diario cuando llegues a casa o vuelvas a la oficina. Ahora mis diarios constituyen una parte importante de mi biblioteca. Mis diarios están reservados para mis hijos y mis nietos. ¿Se imaginas lo que he reunido a lo largo de los años? Es increíble.

TESOROS OCULTOS

Hay tres tesoros que deben permanecer por siempre: sus fotografías, su biblioteca y sus diarios.

Número uno, sus fotos. No dejes ningún evento sin registrar. Sólo se tarda una fracción de segundo en decir: "Aquí está con quién estuve". Cuando viajo por el mundo, hacemos fotos de la gente, los lugares y los regalos. Forman parte de los tesoros que guardo en la granja. Es cierto que una imagen vale más que mil palabras para describir la escena, la emoción y lo que sucedió. Una foto trae recuerdos; *Este fue un día extraordinario para mí cuando conocí a estas personas en un seminario hace diez años.* Vaya, el drama vuelve.

¿Cómo sería si tuviera miles de fotografías del pasado, de su historia, de su madre, padre, y abuelos? Puede dejar esas huellas de usted mismo para sus hijos y los hijos de sus hijos. Deje todas sus fotografías como recuerdo.

Número dos, su biblioteca. Deje para otros los libros que cambiaron su vida, su salud, los que le rescataron del olvido, los que pasó a otras personas. Fueron muy emocionantes para usted. Los libros que le hicieron económicamente independiente y los que desarrollaron su liderazgo, los que le dieron sabiduría para reflexionar cuando las cosas eran difíciles y los que le ayudaron a pasar el invierno. También guarde los libros que le ayudaron a plantar en primavera y a cosechar en otoño. Ese es un gran tesoro. Si deja heredada su biblioteca, seguro que sus libros serán más valiosos que sus muebles.

El tercer tesoro que debe dejar son sus diarios, las notas que tomó y que le ayudaron a vivir la vida tal y como la vivió. Mucho después de que se haya ido, serán tesoros que sus hijos, nietos y bisnietos encontrarán fascinantes. Puede que incluso utilicen lo que lean para orientar su propia vida hacia el futuro.

Vaya.

8

FAMILIA
Y AMISTAD

Irónicamente, la consecución de un gran éxito profesional, y a menudo el deseo de alguien que quiere dar un giro a su vida, puede en sí mismo hacer que se descuiden otras áreas de su vida. El área que más a menudo se descuida cuando se produce tal éxito son nuestras relaciones cercanas con la familia y los amigos. No pasamos con nuestros cónyuges el tiempo que solíamos pasar. Y a veces se nos corta la paciencia con nuestros hijos al final de un día difícil. Pensamos en el pasado y nos damos cuenta de que hace años que no hablamos con el padrino o la dama de honor de nuestra boda. Sin embargo, las estadísticas demuestran que las relaciones representan más del 80% de nuestra felicidad en la vida.

¿Necesita un cambio en esta área de su vida, o simplemente un pequeño recordatorio de lo que es verdaderamente importante, de dónde reside la verdadera riqueza?

PRESTE ATENCIÓN A LOS DETALLES

Hay que prestar atención a los detalles cuando se trata de relaciones. No deje pasar demasiado tiempo sin mantener el contacto con familiares y amigos. Si piensa en las 20 personas más importantes de su vida, ¿cuánto tiempo hace que no se sienta, llama o escribe a cada una de esas 20 personas? Le animo a que escriba una lista de esas 20 personas importantes y luego haga un serio esfuerzo por ponerse en contacto con ellas. Tengo la sensación de que si llama y dices: "Vaya, ha pasado mucho tiempo, vamos a comer", recibirá una respuesta cálida y positiva.

Puede que algunos vivan en su comunidad, por lo que será más fácil mantenerse en contacto, pero algunos amigos no estarán tan cerca. Mantenerse en contacto es una parte importante del desarrollo de buenas relaciones. Ocúpese de lo que importa. Si nadie le llama el día de su cumpleaños, puede que eso no le importe, pero para algunos de tus familiares o amigos, sí importa. Asegúrese de tener ese tipo de gestos. Es fácil, sobre todo en nuestra acelerada sociedad, estar tan ocupado haciendo cosas que no cree que pueda encontrar tiempo para tender la mano con el pequeño pero amable esfuerzo. Puede ser fácil dejar pasar las cosas, pero lo más probable es que luego nos arrepintamos si no mantenemos el contacto más a menudo, sobre todo si fallece alguien mayor. Entonces rápidamente decimos: "Vaya, debería haber hecho más llamadas, debería haber seguido en contacto".

Una buena relación es como cuidar un jardín. No se puede dejar pasar mucho tiempo sin cuidar lo que lo hace florecer y mantenerlo bien alimentado, lo mismo que ocurre con todos nuestros objetos de valor. Debemos protegerlos como un padre y alimentarlos como una madre. debemos asegurarnos de que nos dan todo su valor y luego ser todo su valor para ellos. No es que haya que estar cerca todo el tiempo, sino estar disponible.

Hay una frase antigua que dice que, si intenta salvar su vida, la perderá; pero si pierde su vida, es decir, si invierte su vida, ésa es la mejor manera de salvarla y de multiplicarla muchas veces. Esta es la frase, *invertir la vida en la vida tiene el potencial de crear milagros.*

Frase clave:
el invertir vida en la vida tiene el potencial de crear milagros.

Invertir la vida en la vida nos da una nueva creación, pero invertir la vida en la vida con ideas, información, asociación e influencia puede crear una empresa, una corporación, un negocio, un movimiento y algo que beneficie a mucha más gente que sólo a los pocos que hayan invertido en la vida del otro. Ése debería ser uno de sus objetivos: ser lo bastante valioso como para invertir en la vida de otra persona, empezando primero si está casado y tiene hijos, y luego invertir el uno en el otro.

El matrimonio y las amistades ofrecen oportunidades para invertir en el otro, personal y profesionalmente.

Bill Bailey y yo habíamos participado en empresas, y una de ellas tuvo mucho éxito y afectó a la vida de muchas otras personas. A lo largo de los años seguimos invirtiendo el uno en el otro. Cuando se me ocurrió una gran idea. le llamaba. Cuando leía un buen libro, me decía: "Es una obra maestra. Tienes que leerlo". Nos invertíamos el uno al otro mientras paseábamos por las granjas de Kentucky, las playas de California, donde fuera posible. Tenía la costumbre de agarrarme del brazo cuando caminábamos y hablar. Apreciábamos las oportunidades de contribuir el uno al otro, de compartir con el otro. Igual que yo comparto lo que he aprendido contigo, lector. La contribución de compartir unos con otros, de ser influyentes, de proporcionar liderazgo, de marcar una diferencia positiva en la vida de alguien, puede ser de tal magnitud que no se sabe hasta dónde puede llegar desde el momento en que empieza.

INFLUENCIA DEL CÍRCULO INTERNO

La amistad es una de las posesiones más valiosas del mundo. Los buenos amigos, las relaciones. En el fondo, lo que realmente importa es nuestro círculo íntimo -aquellos con los que deberíamos pasar el mayor tiempo posible- porque de ahí viene gran parte del impulso y la ambición de hacerlo bien, para ellos y para nosotros. Hacer realidad los sueños de su círculo íntimo alimenta su propia ambición. No hay que ser ambicioso sólo por el nombre o por la fama o por el dinero o por las cosas útiles que puede hacer como la generosidad para el futuro, sino hacer todo lo que pueda para alimentar su asociación y comunicación con los que más importan, su círculo íntimo.

La conversación es un arte, ya sea con un hijo, el cónyuge o los amigos. Hace años la gente escribía cartas que se enviaban o recibían sólo de vez en cuando. Entonces la gente se preocupaba de expresar con palabras lo que realmente sentía, lo que ocurría en su vida y en su comunidad. Ahora, con la facilidad de llamar por teléfono en cualquier momento y lugar, es fácil ser demasiado informal en las conversaciones. Demasiado fácil perder el significado de una experiencia al perderse en conversaciones mundanas y ordinarias que son la norma. En lugar de eso, tómese su tiempo para decir algo único y solidario sobre la otra persona, sobre cómo le importa y cómo se siente.

Cuando Judy, mi mujer, y yo nos separamos, escribí una pequeña nota: "Querida Judy, tan constante como llega la noche, así es mi tristeza. Tan constante como llega el día, así es mi amor por ti. Deseo lo mejor para ti. Comprendo ese dilema. Mi vida está aquí donde me tocaste. Si alguna vez me llamas, allí estaré para que me vuelvas a tocar". Me tomé un poco de tiempo para ver si podía decir en pocas palabras lo que me pasaba en ese momento. Es fácil ser descuidado con el lenguaje y no decir lo que se quiere decir.

No hay mayor oportunidad para practicar el arte de la conversación y tu capacidad para invertir vida en vida que la paternidad o, en mi caso, la abuelidad. Se dice que la paternidad es el trabajo más duro que jamás amarás: es una inversión que produce una riqueza de espíritu desproporcionada a tu inversión.

SER PADRE Y ABUELO DE PRIMERA CLASE

Cada nueva ocasión es una oportunidad para ser esta expresión llamada "nacer de nuevo" o "renacer". Cuando llega un bebé por primera vez, también tenemos un nuevo padre por primera vez. El bebé está empezando una vida por vivir y el nuevo padre también está empezando una nueva vida por vivir. Lo mismo ocurre con un bebé y una madre primerizos. Cada uno tiene la oportunidad de vivir una vida nueva, una experiencia vital diferente a la anterior. ¿No deberían los padres estudiar y practicar y aprender y escuchar en un esfuerzo por encontrar la manera de convertirse en una madre o un padre de clase A?

Hace unos 16 años me convertí en abuelo y he practicado diligentemente durante estos años para ser un abuelo de cinco estrellas para mis dos nietos, Nathaniel y Natalie. Debo decir que tienen un talento excepcional. Acabo de publicar un libro de poemas de mi nieta que escribió cuando tenía 12 años, que incluye las ilustraciones artísticas de su hermano Nathaniel. *Me encanta lo que veo* es el título, de Natalie Pangrazio. Ahora tiene 15 años y ha escrito una colección de 10 cuentos para niños; y su hermano, Nathaniel, es un consumado pianista clásico que escribe música y envía sus creaciones a concurso. Son niños con talento, artistas, escritores y músicos a una edad tan temprana.

Por el camino, lo único que he hecho ha sido prestarles atención, escucharlos y ayudarlos mientras probaban sus alas en esto y aquello. Uno de los poemas que Natalie escribió cuando tenía 12 años se titula "Metáforas de flores":

De aquellos a quienes les encanta echar a volar la imaginación,

utilizarán incluso una flor para distinguir el bien del mal.

Los iris son como la sabiduría, el color profundo como la profundidad del conocimiento y el amarillo como las ideas brillantes que uno recibe, el conocimiento se extiende hacia arriba como lo hacen las hojas del iris.

Un lirio una sencillez como la blancura de su flor,

pero en la sencillez, hay belleza como la torre de estambres amarillos.

La verdad es como un diente de león, que es audaz y no ha pecado.

La verdad se esparce a lo largo y ancho como semillas de diente de león al viento.

Pronto encuentran un lugar donde descansar y crecer en el corazón de alguien,

y el ciclo vuelve a empezar como empezó.

Una margarita es como la felicidad y extiende su rostro hacia el sol.

Ama todo lo que le rodea y en todo encuentra diversión.

El odio es como un cardo, que es horrible y punzante al tacto.

Combina envidia, ira y, sobre todo, asco.

Por último, lo mejor de todo es que el amor representa una rosa.

El amor es tan dulce para tu corazón como una rosa para tu nariz.

El amor combina confianza, esperanza, fe e integridad.

Hay caminos buenos y malos y no importa cuál elijas,

el amor es tan dulce como la rosa más hermosa.

Mi nieta de 12 años escribió eso. Increíble.

ESTAR DISPONIBLE Y CAPACITADO

Haga todo lo que se le ocurra para deslumbrar a sus hijos y nietos, para que piensen que es el más grande y el mejor de todos los tiempos: es pura alegría. Pero hay que prestar atención. Por supuesto, hay que trabajar para que una relación así funcione, pero la recompensa es increíble por el pequeño precio que hay que pagar. Puede ser parte del día en que su vida dé un vuelco.

Uno de mis queridos amigos me preguntó: "Ahora tengo adolescentes. ¿Qué más puedo hacer a esta edad para influir en su vida?".

Les dije: "Quizá no tanto, pero aquí van dos buenas palabras para tener en cuenta ahora que son adolescentes. La clave es estar *disponible* y *ser capaz*. Capaz de darles buenas respuestas cuando las necesiten, capaz de aconsejarles cuando lo necesiten, disponible cuando necesiten hacer una llamada. Intentar influir diariamente en la vida de alguien después de que se hayan convertido especialmente en adolescentes es un trabajo duro".

No obstante, si se esfuerza por estar disponible y ser capaz, sus hijos adolescentes lo agradecerán. Además, sea culto y domine el idioma para poder traducir sus propios sentimientos y experiencias en conversaciones útiles cuando surja la necesidad. Ten algo valioso y sabio que decir, por corto o largo que sea.

Es como pescar. No puede tirar demasiado fuerte o perderá la presa. No se puede dejar demasiada holgura y dejarlos fuera de la línea. Entonces se van. Se llama tirar, tirar, tirar. Fácil, fácil tirar, tirar, fácil, fácil de aprender a pescar, de pescar peces. Es más o menos lo mismo con la comunicación con los niños. Lo suficientemente fuerte, pero no demasiado. No puede ser débil o el punto no se entiende. Tiene que ser fuerte, fuerte sin ser grosero, digo en un sentido.

Se trata más bien de estar presente, físicamente y también en la comunicación. Unas palabras bien elegidas mezcladas con una emoción mesurada captarán su atención. Ni demasiado, ni demasiado poco. Cuando el actor interpreta una obra, si el guión está bien escrito, eso forma parte de la estructura.

El resto es la interpretación. En parte es estilo, pero en parte es suficiente emoción, no demasiada, y creo que los padres tienen que hacer lo mismo.

A veces los niños tienen una objeción válida al decir: "No es para tanto". En la mente de los padres, es un gran problema cuando en realidad no lo es. Si siempre convierte todo en un gran problema cuando no lo es, los niños se confunden un poco con eso. La clave está en guardar ese contenido emocional de convertir algo en algo importante si lo es, y ser un poco más racional y emocionalmente contenido cuando no lo es tanto. Más reflexivo que voluminoso, más cariñoso que ruidoso.

Es un arte. Es un poco complicado tratar con niños. ¿Verdad? Tienes que decirles lo que ama y lo que odia. "Te amo, pero odio lo que está pasando". Necesitan saber ambas cosas. ¿Cómo pones ambos sentimientos fuertes en la misma frase? Encuentra la manera. Tenemos que lidiar con ambos. ¿Qué está bien, qué está mal, qué es mejor? ¿Qué está bien? ¿Qué sería mejor? Todos luchamos con el lenguaje.

A veces las palabras son torpes cuando intenta expresar lo que pasa por su cabeza, por no hablar desde su corazón. No es un reto fácil, pero así es como se construyen imperios y relaciones familiares sólidas. Así es como se crean las grandes sociedades y se comparten los entresijos de la filosofía que pueden cambiar la vida de alguien. Tanto si mantiene una conversación única y racional con un niño, con un hijo o una hija, nieto o nieta, como si es el presidente quien mantiene una conversación racional con el país, haga que sea única para su audiencia de uno o muchos, para que se entienda lo que quiere decir.

YO SOY FELIZ, USTED ES FELIZ

Si está casado y tiene hijos, tengo un gran consejo para usted, el mejor que puedo darle. Si los padres están bien, los hijos están bien. Hay muchas posibilidades de que, si los padres son felices, los hijos sean felices. Su propio autodesarrollo es la mejor contribución que puede darle a sus hijos, no el auto-sacrificio. El autosacrificio suele ganarse el desprecio, pero el autodesarrollo y la autoinversión se ganan el respeto.

Solía usar la vieja frase: "Yo cuido de ti, tú cuidas de mí". Pero me di cuenta de lo corta que era esa frase, así que la cambié con la ayuda de Bob Cummings, la estrella de cine, a: *Yo cuidaré de mí por ti, si tú cuidas de ti por mí*. La mejor contribución que puedo hacerle, si es mi hijo o incluso mi amigo, es mi desarrollo personal. ¿Y si me vuelvo 10 veces más sabio, 10 veces más fuerte, 10 veces mejor, 10 veces más único? Piense en lo que eso supondría para sus hijos, nietos y amistades. Si los padres multiplican su propio valor personal por dos, por tres, por cinco o por diez, ¿qué harían por sus hijos? Todo, absolutamente todo.

Frase clave: cuide primero de usted mismo.

Si usted como padre es feliz, le aseguro que sus hijos también lo serán. Si los padres adoptan un estilo de vida único de respeto mutuo y responsabilidad, los hijos se sentirán seguros y queridos. Un buen ejemplo: Una azafata informa a los pasajeros de que, si el avión sufre una emergencia, se bajarán las máscaras de oxígeno. Luego les dice: "Ocupaos primero de vuestros hijos". NO. En realidad, a los pasajeros se les dice que *primero cuiden de sí mismos*. Esa es la clave: primero ocúpense de ustedes mismos y luego atiendan a sus hijos. (Ese sería un buen título para un libro para padres, ¿no? *Ponte primero la mascarilla*).

Del mismo modo, la mejor contribución a tu empresa es tu desarrollo personal. La mejor contribución a tu marido o a tu mujer es tu desarrollo personal para llegar a ser todo lo sabio, amable y único que pueda. Esa es la mejor contribución, la inversión en uno mismo es la clave.

TOMA DE DECISIONES

Con su familia o con cualquier decisión que tenga que tomar, cuando haya tomado la mejor decisión posible, aunque sepa que va a causar algo de dolor, acepte el dolor, pero no la culpa. A veces una parte de nuestra cabeza intenta hacernos sentir culpables si hemos tomado una decisión que ha sido dolorosa, no sólo para nosotros, sino quizá incluso para otras personas, y sin embargo era la decisión correcta. La clave para aceptar el dolor, pero no la culpa, es reconocer que no es el dolor lo que le destruye, sino la culpa.

Aunque le han dado algunas ideas y estrategias estupendas para cultivar sus relaciones más estrechas, es posible que aún se esté preguntando cómo encontrar el equilibrio adecuado entre su vida laboral y familiar. Se trata de una cuestión candente en nuestra era moderna, un tema sobre el que todo el mundo parece tener una opinión firme, ya que la situación personal de cada uno es única. Debemos resistirnos a las respuestas fáciles a este dilema y, en su lugar, le animo a aceptar el propio reto. Aunque nunca se alcanzará el equilibrio perfecto, es una batalla que debemos librar hasta el día de nuestra muerte.

Frase clave: En la toma de decisiones, acepte el dolor, pero no la culpa.

EQUILIBRIOS

El dilema de todos es la lucha entre nuestros propios afanes y las expectativas de los demás. Por ejemplo, una mujer está casada con un jugador de béisbol que está fuera la mayor parte del tiempo. ¿Sería ése el matrimonio ideal? Y la respuesta, desde luego que no. Pero si el hombre siguiera su talento y sus inusuales habilidades, probablemente diría que sí. Ella dice, bueno, a veces me gustaría que fuera banquero y no bateador de jonrones. Es un dilema para muchos de nosotros. Cómo equilibrarlo todo, asegurándonos de no sacrificar unos valores por otros. Es difícil que dos personas crezcan al mismo ritmo. Una se vuelve ambiciosa y otra está un poco más, digamos, en casa. ¿Cómo se puede equilibrar y hacer que funcione? Es un desafío sin fin.

Una mujer que tiene una carrera e hijos y marido y responsabilidades sociales y amigos e iglesia y lo que sea se enfrenta diariamente a grandes retos. Mis héroes actuales son las madres solteras y las maestras de escuela. Los profesores que tienen la paciencia de trabajar con niños e intentar transmitir el mensaje y hacer un buen trabajo tienen mi mayor admiración. Una madre soltera que cría a sus hijos es probablemente uno de los trabajos más duros del mundo. Tiene que equilibrar el trabajo en casa, un empleo, criar a los niños, asegurarse de que espiritual, personal y socialmente están bien. Parece casi imposible, pero los seres humanos tienen la capacidad única de hacer lo imposible. Hacen que funcione.

He oído muchas, muchas historias de madres que durante años y años fregaron suelos o hicieron otros trabajos serviles para que sus hijos fueran a la universidad, y ahora esos hijos son profesionales y un crédito para la sociedad.

Les Brown tiene una gran historia (véase www.lesbrown. com). Tuvo una madre que se preocupó mucho por él e hizo trabajos serviles hasta que se puso en marcha y pudo ayudar. Miramos la vida de algunas personas y nos preguntamos: *¿Cómo lo hacen? ¿Cómo superaron esas duras pruebas?* A veces nos sentimos un poco presionados preguntándonos cómo podemos equilibrar carrera y fortuna y todo eso. Oye, intenta fregar suelos para pagar la universidad de tus hijos. Entonces pensamos: "Oye, *mis problemas son bastante simples y fáciles comparados con lo que otros pueden estar experimentando".*

Pero todos tenemos el tira y afloja. Una mujer quiere un héroe y un marido exitoso. Ella dice: "Ve a conquistar el mundo y vuelve a casa a las cinco". Él piensa: *"Vaya". Veamos. ¿Cómo puedo hacer eso? ¿Estaría contenta con la mitad del mundo? Si conquistara sólo medio mundo y llegara a casa a las seis, ¿estaría bien?* Hagamos todos un poco de compromiso. La vida es un reto, un acto de equilibrio.

9

RAZONES, SUEÑOS Y OBJETIVOS

Ahora que se le han presentado las filosofías y principios fundamentales para dar un giro a cualquier área de su vida, y que tiene estrategias para tres áreas específicas de su vida, está preparado para empezar a diseñar su futuro con mi taller de fijación de objetivos. Antes de comenzar el taller en sí, las siguientes son algunas ideas fundamentales para sentar las bases de lo que seguramente será una actividad que le cambiará la vida.

Hablemos de fijar objetivos. Poco después de conocer a Earl Shoaff, me preguntó:

—Sr. Rohn, tal vez ésta sea una de las mejores maneras en que puedo ayudarlo. Déjeme ver su lista actual de metas y repasémoslas y hablemos de ellas. Tengo la experiencia para ayudarle.

—No tengo una lista—respondí.

—Vaya, ¿no tiene una lista de sus objetivos?

—No.

—Bueno, si no tiene una lista de sus objetivos, puedo adivinar que su saldo bancario solo cuenta con unos cientos de dólares.

—¿Quiere decir que si tuviera una lista de objetivos, cambiaría mi saldo bancario?—cuestioné, curioso.

—Drásticamente.

Eso me llamó la atención, por lo que hace muchos años aprendí a fijarme objetivos.

La promesa del futuro es una fuerza impresionante. Miramos atrás en busca de experiencia, pero ahora tenemos que *mirar adelante* en busca de inspiración.

Piense que lo que le da inspiración para levantarse por la mañana y hacer su trabajo, aprender habilidades, desarrollar todo lo que puede llegar a ser es la promesa de futuro, y puede ser tan poderosa que puede abrumar a cualquier adversario y cualquier dificultad que pueda tener.

Frase clave:
las razones marcan la diferencia en cómo funciona su vida.

He aquí una frase clave: las razones marcan la diferencia en cómo funciona tu vida. Las razones marcan la diferencia en tu apetito y entusiasmo por aceptar el reto, hacer el trabajo y tener éxito.

El Sr. Shoaff dijo:

—Si tiene suficientes razones, puede hacer las cosas más increíbles. Puede superar el día más difícil y los retos más increíbles si tiene suficientes razones para hacerlo. Si no tiene una lista de sus objetivos, Sr. Rohn, probablemente es porque no tiene suficientes buenas razones para hacerla.

«Desde que le conozco, estoy seguro de que tiene suficiente inteligencia. Tiene suficiente buena salud y muchas otras cosas a su favor; pero ahora debe trabajar en tener suficientes razones, mirando hacia el futuro, desarrollando razones para sus metas.

DESARROLLAR SUFICIENTES RAZONES

Nos vemos afectados principalmente por:

1. Entorno, que incluye el entorno político, el social y el físico. El entorno es lo que nos rodea, lo que nos afecta: la ciudad, el campo, el vecindario, la oficina, la gente. Nuestras reacciones y decisiones nos afectan y moldean constantemente. Gran parte de nuestro razonamiento depende del entorno y, en especial, de nuestro entorno físico. Tenemos que prestar atención y hacer todas las contribuciones que podamos para que nuestro entorno y el de todos sea acogedor. Es un planeta pequeño.

¿Recuerda las primeras y posteriores imágenes desde el espacio? Mirando hacia atrás, la Tierra parecía tan frágil, tan pequeña. Pensé: «*Vaya, aquí vive tanta gente. ¿Cómo puede ser? Debemos cuidarla.* Ahora mismo, es el único planeta que tenemos. Hagamos todo lo posible por ser responsables.

2. *Los acontecimientos.* Algunos acontecimientos nos afectan a todos. Algunos afectan a nivel regional, nacional, estatal o comunitario, pero otros nos afectan a todos. Entre los acontecimientos que nos afectan a todos están las guerras y el tiempo. Otros acontecimientos más específicos y personales son las bodas, los ascensos, los nacimientos, las vacaciones y las obligaciones laborales.

3. *Lo que sabemos.* Nos afecta lo que sabemos y lo que no sabemos. La acumulación de conocimientos o la falta de conocimientos afecta a sus sueños, su futuro, sus ingresos, su cuenta bancaria, sus asociaciones... y todo lo que le rodee. Tienes que ser un estudiante de por vida. No importa su edad, estudie para aprender a tomar decisiones sabias que le den la mejor oportunidad de construir un futuro mejor.

4. *Los resultados.* Nos afectan los resultados. Sean cuales sean tus resultados económicos actuales, sean cuales sean los proyectos que ha puesto en marcha, los resultados hasta ahora le afectan. Todos los resultados que ha experimentado en el pasado hasta ahora le han afectado a usted, a su toma de decisiones, a su actitud. Aprenda a utilizar los resultados -buenos o malos- en su beneficio.

5. *Los sueños.* Nos afectan nuestros sueños, es decir, la visión de nuestro futuro. Es importante asegurarse de que el mayor tirón de tu vida sea el tirón de un futuro mejor. Algunas personas dejan que el pasado tire de ellas, como la gravedad. Viven en el pasado. Viven en los errores y desalientos del pasado. En su detrimento, permiten que el pasado afecte a su futuro. Solo mire hacia el pasado para aprender de sus errores y lanzarse al futuro; mire hacia adelante para que sea mejor.

Frase clave:
los sueños y los objetivos son imanes que tiran de usted hacia una vida mejor.

Los sueños y las metas pueden convertirse en imanes; cuanto más fuerte es la meta, más elevado es el propósito, más poderoso es el objetivo y más fuerte es el imán que tira de ti en esa dirección. Tus metas y tus objetivos no sólo tiran de ti en la dirección correcta, sino que también tiran de usted en todo tipo de días de bajón y momentos difíciles. Los sueños y los objetivos tirarán de usted durante los inviernos de su vida.

Algunas personas se pierden en la confusión del día simplemente porque su objetivo no es lo suficientemente brillante como para tirar de él. Un escritor de la antigüedad escribió que podemos caminar por el valle, aunque haya sombras de muerte". ¿Y por qué es posible caminar por el valle, aunque haya muerte, sombras y dificultades? Porque tenemos una vista del otro lado del valle.

TENER OBJETIVOS SIEMPRE

Cuando ha cumplido algunos objetivos, necesita cumplir algunos más. Es muy importante que cuando alcance un objetivo significativo o importante para usted, sea el momento de celebrarlo. Celebre los logros significativos y los no tan significativos. Si es importante para usted, no tiene por qué cambiar el mundo o la vida. Si es un objetivo realmente importante y por fin lo ha alcanzado, ¡celébrelo!

Es de esperar que en su lista de objetivos tuviera algunos objetivos familiares; y si finalmente la familia junta alcanza un objetivo, celébrelo con la familia. Y si va a tacharlo de la lista, deje que cada miembro de la familia ponga también su marca en este objetivo cumplido porque toda la familia ha trabajado en ello. Esto ayudará a que cada miembro de su familia quiera hacer una lista de objetivos más larga o una propia. Vaya, piense qué más podríamos hacer, qué podrían hacer ellos personalmente.

Lo mismo puede decirse de cada uno de ustedes. Cuando consigan algo, táchelo de la lista y celébrelo. La celebración crea entusiasmo para elaborar una lista más larga.

También necesita objetivos continuos. Cuando los primeros astronautas fueron a la Luna, algunos de los que regresaron tenían problemas psicológicos. Algunos bebían demasiado y tenían otras dificultades. ¿Por qué? Una de las razones es que después de semejante logro vital, nacional y mundial, ¿adónde va una persona a partir de ahí? Para ayudar a evitar el vacío, después de viajes posteriores, a los astronautas que regresaron de la Luna se les asignaron numerosos proyectos para mantenerlos ocupados. Y lo mismo puede decirse de usted y de mí. Cuando haya alcanzado sus objetivos, haga otra lista, y cuando haya alcanzado esos, haga otra lista.

Como ya he dicho, mi padre vivió hasta los 93 años. ¡No se puede imaginar las metas que tenía! Uno de sus objetivos cuando tenía 92 años era renovar su carné de conducir. ¿Y sabe qué? Se lo renovaron cuatro años. A los 92 años le decía a la gente: "Tengo mi licencia de conducir renovada por cuatro años", y se la mostraba a todo el mundo. Increíble.

Fíjese metas que sustituyan a las que ha alcanzado una y otra vez, el resto de su vida. ¿Hasta dónde debe llegar? Tan lejos como pueda. ¿Cuántos libros debería leer? Tantos como pueda. ¿Cuántos amigos debe hacer? Tantos como pueda. ¿Cuánto debe ganar? Todo lo que pueda. ¿Qué deberías intentar ser? Todo lo que pueda.

El propósito del siguiente ejercicio de taller de fijación de objetivos es ponerle a prueba, hacerle pensar, preguntarle y reflexionar. *Me pregunto qué puede ser posible.*

10

TALLER DE FIJACIÓN DE OBJETIVOS

La siguiente sección del taller es la misma que he presentado en seminarios exclusivos de fin de semana a lo largo de los años. Le recomiendo que lea y complete esta actividad en un lugar tranquilo y donde no le interrumpan. También le recomiendo que reserve el tiempo suficiente para que pueda completar el taller en una sola sesión.

Necesitará un bloc de papel, un bolígrafo y una megadosis de curiosidad, así que, si está preparado, ¡empecemos!

Durante este taller voy a plantear una serie de preguntas, que le servirán a la vez que le proporcionarán un modelo que puede enseñar a sus hijos, en sus clases, o en cualquier sitio.

Primero le planteo la pregunta y luego le recomiendo que se tome su tiempo para hacer el ejercicio, así que lea la pregunta y luego trabaje el ejercicio. Si por falta de tiempo tiene que dejar de trabajar en el ejercicio antes de terminarlo, puede continuar más tarde. Pero, por favor, asegúrese de seguir cada ejercicio sobre el establecimiento de objetivos, porque creo que es muy valioso.

1. ¿QUÉ CINCO COSAS HA CONSEGUIDO YA DE LAS QUE SE SIENTA ORGULLOSO?

Dese algo de crédito antes de ponerse a trabajar en el futuro. Seguro que ha tenido logros en el pasado, así que piense en ellos y haga una lista. Le animo a que se tome un tiempo ahora mismo para hacer una lista de cinco cosas que ya haya conseguido, de las que se sienta orgulloso.

(Si trabaja con niños, esta parte del ejercicio también es importante. Pregúnteles qué cinco cosas han conseguido que les hayan hecho sentirse orgullosos. A veces puedes hacer sugerencias como deportes, escuela, lo que sea. Cuando trabaje con otras personas, parte del formato consiste en hacer un poco de consejería para ayudarles a entender lo que se les pide).

2. ¿QUÉ QUIERE PARA LOS PRÓXIMOS 10 AÑOS?

Quiero que haga una lista de al menos 50 cosas. No haga una lista de lo que cree que puede conseguir, sino de lo que quiere. Si todo encajara y pudiera tener lo que quisiera en los próximos 10 años, ¿qué incluiría en esa lista? No haga una lista de algo que cree que puede ganar, o que puede comprar, o que cree que finalmente puede tener tanto éxito que pueda conseguir. Haga una lista de lo que realmente quiere para usted durante los próximos 10 años.

Cuando empieces a escribir tu lista, haz una lista larga por la parte izquierda del papel (no una al lado de la otra, sino una debajo de la otra). Si algo de su lista es privado, póngalo en clave para que nadie pueda averiguarlo. De rienda suelta a sus sueños, no a lo que cree que puede conseguir, sino a lo que quiere: si todo encajara y pudiera tener lo que quisiera en los próximos 10 años, ¿qué sería?

Cosas pequeñas, grandes, insignificantes, no importa. Simplemente haga la lista.

Quizá su lista incluya lugares que quiere visitar o experiencias que le gustaría vivir, como saltar en paracaídas desde un avión, protagonizar una película o tocar en un grupo musical, ganar una medalla de oro olímpica o formar una familia. Anote también algunos cambios que le gustaría hacer o hábitos que le gustaría abandonar, e incluso algunos nuevos que le gustaría adquirir. Podría hacer una lista de las personas que quiere conocer en los próximos 10 años o de las propiedades que desea estrenar, como una cabaña en la montaña con una asistenta, un cocinero y un chófer. ¿Y sus inversiones?

¿Qué es lo que realmente lo haría sentirse satisfecho? Me agradaría convertirme en un experto en vinos. Cada vez aprendo más a hacerlo y es un proceso interesante. Piense en una afición que le gustaría empezar, o una colección que desharía iniciar. ¿Desearía un coche nuevo, ser piloto de carreras o el capitán de un barco? Anote las habilidades que le gustaría enseñar a sus hijos. Yo les enseñé a mis hijas a nadar y a bucear y sentía una gran satisfacción cuando decían: "Mírame, papá, mírame. Mira qué buena soy. Tú me has enseñado, mírame». Haga una buena contribución a la sociedad y a su comunidad.

Por favor, interrumpa su lectura ahora mismo y empiece a hacer esa lista.

3. ASIGNE UN PLAZO A CADA PUNTO.

Ahora quiero que mire cada punto de su lista y le dé a cada uno un número que refleje cuánto tiempo cree que le llevaría conseguir ese objetivo. Simplemente calcule si puede llevar 1,

3, 5 o 10 años. No tiene por qué ser exacto. Si es menos de un año, que sea un año. Si son más de 10, que sean 10 o más de 10.

Por favor, deje de leer y haga esta parte del ejercicio ahora.

4. CUENTE LOS "AÑOS".

Ahora repase el número de años que asignó a sus "deseos" y cuéntelos ¿cuántos se vencen en un año? ¿en tres? ¿en cinco? ¿y en diez? y luego haga una lista con esos números. Por ejemplo:

- Viajar por el mundo - 5 años
- Aprender a hablar italiano - 1 año
- Convertirse en maestro cocinero - 5 años
- Ampliar mi negocio a todo el mundo - 10 plus
- Número de años
- 2 - 5 años
- 1 - 1 año
- 1 - 10 o más

Haga una pausa en su lectura y complete este ejercicio.

5. ESTABLEZCA PRIORIDADES.

Revise su lista de objetivos a un año vista, ¿cuáles son los cuatro más importantes? Elija los cuatro más importantes y numérelos por orden de prioridad.

El proceso de establecer objetivos fue lo que me encendió a los *25 años*: objetivos *de logro y progreso personal*. Una vez que se me encendió el fuego, nunca se ha apagado. Desde que tenía 25 años, nadie me ha dicho nunca: "¿Cuándo vas a ponerte en marcha? ¿Cuándo vas a levantarte del sofá? ¿Cuándo vas a hacer algo por ti mismo?". Nunca he oído eso desde que tenía 25 años, ahora lo tengo todo controlado. Lo que he oído después de cumplir 25: "¿Cuándo vas a bajar el ritmo? ¿Cuántos países has visitado? Trabajas demasiado". Increíble.

No me canso de repetirlo. Es fácil volverse perezoso a la hora de diseñar el día, el año, el futuro y lo que quiere lograr, y cruzar los dedos y esperar que todo salga bien, que los vientos favorables soplen a su favor. Le digo que no va a suceder así.

La forma en que me mantuve centrado es enseñar lo que aprendí. No necesitaba reconocimiento. Sólo quería compartir mi buena suerte con los demás para que pudieran hacer lo mismo. Sólo tiene que dar a todo el mundo que se le ocurra las claves del éxito, y su propia autosatisfacción es reconocimiento suficiente. Si nunca le ponen una corona en la cabeza, ¿a quién le importa?

Por favor, deténgase ahora e identifique los cuatro puntos más importantes de su lista a un año vista. Cuando termine el ejercicio, reanude la lectura.

6. RESPONDA "POR QUÉ" ESOS CUATRO OBJETIVOS SON IMPORTANTES.

Este paso le llevará un poco de tiempo. Piense en cada uno de los cuatro objetivos y en por qué son importantes para usted. El "por qué" es muy importante, y le daré más información al respecto próximamente. Pero por ahora, escriba un breve párrafo explicando por qué esos cuatro objetivos son importantes para usted.

Tómese su tiempo para escribir esas breves explicaciones ahora.

Frase clave: sin un "por qué" sólido, el "cómo" puede parecer demasiado difícil de conseguir.

Cuando el "por qué" se hace más fuerte, el "cómo" se hace más fácil. Entonces, ¿cómo gestionas tu tiempo? Si tienes objetivos lo suficientemente fuertes y poderosos, averiguará cómo gestionar su tiempo, leerá un libro sobre el tema, hará algo al respecto. Si no merece la pena, ¿por qué se molestaría en estudiar el arte de gestionar su tiempo si realmente no importa? Pero si realmente importa cumplir sus objetivos y por qué quiere cumplirlos, puede hacer todo lo que necesite hacer.

Puede levantarse a cualquier hora, leer cualquier libro, tomar cualquier clase, hacer cualquier cambio, desarrollar cualquier habilidad, realizar cualquier disciplina. Puede hacerlo todo. Cuando el por qué empieza a crecer, el cómo se simplifica. Tal vez uno de sus objetivos es tener una casa de un millón de dólares en la colina con vistas a Snake River Valley. De acuerdo, esa sería una buena meta.

Próximas preguntas: ¿Por qué? ¿Para qué? Una casa es una casa. Una casa de un millón de dólares estaría bien, incluso sería maravillosa, pero ¿para qué? El propósito es más fuerte que el objeto. El objeto sería la casa y eso le arrastraría hacia la meta, y ese es un objetivo digno de perseguir, el objeto de la casa.

Pero un objetivo más fuerte es el *propósito* para la casa del millón de dólares. Usted dice: "Bueno, será el centro de toda la actividad de la familia con todo tipo de personas únicas que van y vienen y la influencia y las cosas van a suceder en este lugar". Si, ahora estamos llegando la parte con valor.

Frase clave: el propósito es más fuerte que el objeto.

Es uno de mis mejores consejos para todo el capítulo. El propósito es más fuerte que el objeto. Está bien tener un montón de objetos a los que aspirar en su lista de objetivos, pero sigue haciéndose siempre la pregunta y a veces es bueno escribirla. "He aquí por qué quiero este dinero. He aquí por qué quiero este lugar. He aquí por qué...". Empiece a desarrollar esas razones y el objetivo empezará a ser increíblemente poderoso y motivador.

Algunos de sus objetivos deben referirse al desarrollo personal, a la persona en la que desea convertirse, y a desarrollar habilidades que le hagan atractivo para el mercado. Desarrolle el temperamento y la actitud que le hagan atractivo para el mundo de los negocios, la actitud y el temperamento que le conviertan en un espléndido cónyuge y padre. Estudie el arte de convertirse, porque lo que le hace valioso no son las cosas que acumula, sino aquello en lo que se convierte. Lo repito año tras año: su valor reside en la persona en la que se convierte.

Admiraba a mi amigo Mark Hughes por la fortuna que hizo y la empresa que construyó. ¿Adivine a qué admiraba más? A la persona en la que se convirtió después de 44 años. Era único. Adquirió la idea del desarrollo personal a los 19 años y trabajó en ella a diario desde ese día hasta el momento de su muerte. La idea de convertirse en una persona atractiva, una persona hábil, un buen amigo, un buen colega, un buen socio, un buen miembro de la Mesa Redonda, un colaborador. Ésas son las claves para convertirse en una persona reputada, con éxito y valiosa.

Todo lo que te estoy contando cambió mi vida, alteró el curso de mi vida: de ordeñar vacas a sentarme en una plataforma para hablar a miles de personas cada año. Increíble. Qué gran viaje.

7. ¿EN QUÉ TIPO DE PERSONA DEBO CONVERTIRME PARA CONSEGUIR TODO LO QUE QUIERO?

Para el siguiente ejercicio, quiero que dedique un tiempo a mirar y repasar toda la lista que ha escrito y los ejercicios que ha realizado. Ahora quiero que responda a esta pregunta: ¿En qué tipo de persona debo convertirme para conseguir todo lo que quiero? Tómese todo el tiempo que necesite para escribir esa respuesta ahora. ¿En qué tipo de persona debo convertirme para conseguir todo lo que quiero?

Cuando haya terminado ese ejercicio, retome la lectura.

8. ¿CUÁL ES SU CONCEPTO DE LA PERSONA EN LA QUE CREE QUE DEBE CONVERTIRSE PARA CONSEGUIR LO QUE DESEA?

Ahora tiene dos escenarios trabajando juntos: *Lo que llega a ser le ayuda a conseguir, y lo que consigue le ayuda a llegar a ser. Del* mismo modo, cuanto más se convierte, más puede conseguir y cuanto más consigue, más puede llegar a ser. Quién sabe cuál afecta más al otro, pero está claro que existe una correlación, así que empiece por escribir unas frases. Su concepto de la persona en la que cree que debe convertirse para lograr lo que quiere. Es hora de decir la verdad.

Quizá necesite ser mucho más sabio de lo que es ahora, o más fuerte. Tal vez necesite mejorar sus hábitos de salud: comer menos y hacer más ejercicio o quizá requiera un poco de consejería tanto física como espiritual y de desarrollo de habilidades. Para ser la influencia que quiere ser tiene que construir una reputación increíble. Pregúntate: *¿Qué clase de persona debo ser para atraer todo lo que quiero en mi* *vida y a la gente que quiero y las oportunidades que quiero?* Cuando llama a la puerta y se abre una oportunidad, debe presentarse allí como una persona segura de sí misma y bien arreglada, o puede que no le inviten a entrar.

Una de las frases más misteriosas y singulares de Jesús fue cuando dijo: "Estoy a la puerta y llamo". Si hubiera abierto la puerta, ¿le habría invitado a entrar, a esta persona extraordinaria? Estoy seguro de que su respuesta hubiera sido un rotundo "si". Entonces Él dijo: "Si me invitas, entraré, me sentaré y hablaré contigo". ¿Es usted ese tipo de persona atractiva que si tocara a la puerta de la oportunidad y se abriera y se quedaras ahí parado? ¿sería el tipo de persona a quien la oportunidad le diría: "Entra y siéntate y hablemos del futuro"? Sí, sin duda quiere ser ese tipo de persona.

UN ENFOQUE SENCILLO SOBRE LA VIDA Y EL ÉXITO

Ahora que ha fijado sus objetivos para el futuro, tiene un proyecto para su vida. *Cualquier día, incluido hoy, puede ser el día que dé un giro su vida.* Para alcanzar tus objetivos lo antes posible, le recomiendo que simplifique su vida y su forma de pensar todo lo posible. De eso trata esta sesión. Aunque parece que no hay fin a la corriente de enfoques y sistemas de éxito disponibles, le insto a resistirse a las nuevas respuestas complejas a problemas antiguos. Guarde su pensamiento duro para la consecución de sus objetivos y adopte el enfoque sencillo del éxito.

Suelo adoptar un enfoque sencillo de la vida cuando intento entenderla o comprenderla, y creo que el humor y el ingenio contribuyen mucho a ese enfoque sencillo. A veces es mejor devolver lo tonto por lo tonto. Un poco de ingenio ayuda a desarmar todo aquello de lo que no quiere responsabilizase, por ejemplo, Lady Astor en el Parlamento inglés estaba exasperada con Churchill y le dijo: "Winston Churchill, si fueras mi marido, te pondría veneno en el café". Y Churchill respondió: "Lady Astor, si usted fuera mi mujer, me lo bebería".

Unas pocas ideas sencillas pueden cambiarnos la vida, ya sea en lo económico o en la salud. Mi madre me dijo: "No tienes que cambiar radicalmente". Me recomendó que comiera una manzana al día. Le dije: "Bueno, ¿puedo comer un caramelo?". Ella dijo: "Sí, está bien si deseas comerte el dulce y la manzana, pero no el dulce como sustituto de la manzana". Y sí, eso tenía sentido para mí. Me sonaba justo que pudiera comer caramelos si también me comía una manzana. Lo dijo de una manera tan sencilla que lo entendí a la primera.

Shoaff, mi mentor en los negocios tenía el mismo estilo único. Cuando le dije que las cosas costaban demasiado me contestó que no era cierto, que lo que pasaba es que yo no las podía adquirir. Inmediatamente pensé: *Es una nueva forma de ver las circunstancias*".

Más de una vez me mostró formas alternativas de ver las cosas. Un día me dijo:

—¿Por qué cree que no le va mejor?

—Esto es todo lo que me paga la empresa—le respondí, mostrándole mi boleta.

—Bueno, eso no es cierto.

—Sí lo es—refuté—. Este es mi cheque.

—No, Sr. Rohn, esto es todo lo que la empresa le paga a usted, no es lo que le paga a otros.

En sólo dos o tres frases sencillas, abrió todo un nuevo mundo de conciencia y me dio en qué pensar.

—¿No ganan algunas personas en la misma empresa cuatro o cinco veces esta cantidad que está recibiendo usted?

—Bueno, sí.

—Entonces esto no es todo lo que paga la empresa. Y si fuera cuatro o cinco veces más valioso de lo que es ahora, ¿cree que su sueldo se multiplicaría por cuatro o por cinco?

—Sí, supongo que sí.

—Y ¿por qué no se pone a trabajar en eso?

Lección aprendida: no tiene que trabajar para que la empresa le pague más dinero. Solo tienes que trabajar en sí mismo para ser más valioso.

Formas sencillas de decir las cosas sencillas. No tiene por qué ser radical ni complicado. La clave es simplemente empezar. Por ejemplo, si está en ventas, empiece a hacer tres presentaciones al día en un año, lo que le acumulará unas mil. Mil parecen demasiadas, pero empezar es fácil, luego debe continuar y no ceder a la tentación de flojear y volver a viejos hábitos que no le llevan a ninguna parte.

LAS PEQUEÑAS COSAS MARCAN UNA GRAN DIFERENCIA

Mi madre me enseñó las pequeñas cosas. Recoge lo que ensucias, no dejes la basura en el suelo. Recuerdo esas pequeñas cosas. Una vez cogí un palillo en la cafetería, le quité el celofán y lo tiré al suelo. Mamá me dijo: "No, no, eso no se hace en casa. Cógelo y métetelo en el bolsillo, y cuando llegues a casa, tíralo a la basura".

Y aunque hay personas que dirán que no existe diferencia alguna entre dejarlo tirado, porque alguien lo recogerá, esto es lo que marca la diferencia. *El hábito marca la diferencia* en primer lugar para usted, pero también para el trabajador de la cafetería que tendría que recogerlo. Una pequeña contribución al medio ambiente en general le dará la increíble sensación de autoestima porque tiene buenos hábitos. Eso es lo verdaderamente importante: adquirir buenos hábitos que duren toda la vida.

¿Qué le parece el hábito de apagar las luces de casa cuando no está en la habitación? O cuando va a salir del hotel, ¿apaga las luces de la habitación antes de irse? Son pequeñas contribuciones, hábitos. Pero si todo el mundo lo hiciera, la demanda de energía y los costes disminuirían drásticamente. Hay quienes podrían opinar que el hotel se beneficia, pero realmente no importa quién obtiene el beneficio. Adivine cuál es el mayor beneficio: ser una persona de hábitos únicos. Hábitos que no sólo le hacen rendir en lo que a habilidades se refiere, sino hábitos que le hacen sentir bien consigo mismo.

Y a veces nos preguntan: *¿Por qué hacerlo?* Y la mejor respuesta es: *¿Por qué no hacerlo?* ¿Por qué no hacer todas las cosas fáciles que suponen una contribución? Abrir la puerta a una persona mayor, o a cualquier persona, ayudar a un peatón que cruce la calle, permitir que una madre con un niño pequeño pase delante de usted en la cola del supermercado. Quién sabe cuál sería la contribución total si todos tuviéramos buenos modales y pensáramos en los demás antes que en nosotros mismos. Aunque nadie más tenga buenos hábitos, si usted los tiene y yo también, eso nos hace mejores seres humanos. Nos hace sentirnos mejor con nosotros mismos y las personas por las que hacemos cosas buenas también se sienten mejor.

Presenté una serie de televisión y el título de la charla era: "Cosas que me enseñó mi madre". A muchos les pareció muy interesante. Lo que sigue es parte de la sabiduría que mi madre compartió conmigo, y ahora yo con ustedes. Le animo a que absorba parte de esta sabiduría usted mismo.

Mi madre me enseñó a comer siempre antes de asistir a un banquete para no parecer hambriento al llegar. Así podría hacer lo más importante: socializar. Así que en lugar de ir al banquete para compensar una comida que no ha tenido y comerse todo lo que hay a la vista, sin tener tiempo para socializar y mezclarse con la gente, siga el consejo de mamá: "Come siempre antes de ir a un banquete o a una cena". Es un buen consejo. Las pequeñas cosas que ella me enseñó se sumaron a mi tesoro de buen sentido común.

¿Qué más dijo mamá? «Siéntate derecho». Decía eso porque tenía una visión de mí sentado derecho, con los hombros hacia atrás, la barbilla hacia abajo, mirando hacia arriba, mirando a todo el mundo a los ojos. Buena postura. Siéntete bien contigo mismo y los demás se sentirán bien contigo. La visión que nuestros padres tenían de lo que querían que fuéramos nos dio esos pequeños consejos. ¿Quién escribió el libro *Todo lo que necesitaba saber lo aprendí en la guardería*? Robert Fulghum, gracias.

Algunos países del mundo muestran un respeto único. Cuando visito México, no sólo dicen: "Hola, Jim Rohn". Dicen: "Hola, Sr. Jim Rohn". Es parte de la costumbre. "Este es el Sr. Jim Rohn".

Cuando visité por primera vez los estados del sur de Estados Unidos, recuerdo que incluso de niño la gente me decía: "Sí, señora. Sí, señor. No señor". Donde yo me crié, no lo hacíamos como rutina, pero me gusta. Demuestra respeto.

Hay muchos matices en la vida que podemos aprender para ayudar a mejorar nuestras vidas, ayudar a mejorar el mundo, ayudar a la gente a sentirse bien consigo misma y a sentirse bien con nosotros. Increíble. Así que considere su entorno, cualquier pequeña cosa que se le ocurra que le dé orgullo y alegría hacer para contribuir. Por pequeña que parezca, hágala por lo que hace por el medio ambiente, por la gente... y por lo que hace por usted. Así que siga trabajando en sus habilidades y hábitos para ser lo mejor que pueda ser.

Quiero ser lo mejor que pueda para transmitir el mensaje de buenas palabras a quienes asisten a mis seminarios y leen mis libros, y trabajo en ello a diario.

RETOS DE LA FIJACIÓN DE OBJETIVOS A LARGO PLAZO

El mismo enfoque sencillo que mi madre y mentor Earl Shoaff modeló para mí se extendió a toda mi filosofía de éxito, una filosofía que me ha servido tanto a mí como a los cientos de miles de asistentes a seminarios durante más de 40 años.

Cuando se me pide que aborde los retos de fijar objetivos a largo plazo en un mundo que cambia cada día más deprisa, mi respuesta es la siguiente.

Hago mis objetivos a largo plazo tan sencillos que realmente no tienen complicaciones. Por ejemplo, si en tu lista de objetivos está poseer un rancho en Montana y dices:

"Bueno, si trabajo duro y tal vez es mi segundo año siguiendo un proyecto empresarial y me va bastante bien, creo que tal vez podría lograrlo en cinco años". Seguro que, si las cosas van bien, se reduce a tres años. Si me lleva un poco más de tiempo, quizá sea posible en 10 años, pero lo dejaré en mi lista y no lo convertiré en una obsesión. Y quizá, cuanto más lo piense, no quiera una granja en Montana, sino un apartamento en Nueva York, en Park Avenue. Creo que cambiaré mi objetivo por ese".

Deje que ese tipo de conversación en su mente le inspire.

Si los objetivos le inspiran mayores logros y ocasiones y lugares que quieres visitar y cosas que quiere ver y personas que quiere conocer, aunque sólo se cumpla una parte, todo ello le sirve de inspiración en el camino para hacerlo mejor y trabajar más duro. Puede decir: "Quizá algunos de estos objetivos estén más cerca de lo que pensaba, ahora parece emocionante", todo eso le sirve. ¿A quién le importa lo cerca que haya estado? ¿A quién le importa si se fijó 200 objetivos y sólo alcanzó 10? En realidad, no importa.

TÓMESELO CON CALMA

Si se lo pone muy fácil, rompa la lista si quiere. Vuelva a empezar. Puede que ahora tenga mejor información, puede que haya aprendido más sobre otra empresa más beneficiosa. ¿Qué le parece fijarse otro objetivo? Creo que esa es la clave. Yo me lo he puesto fácil. Haga una lista de lo que quiere y empiece a marcar lo que sea fácil de conseguir. Puede que haya un montón de pequeñas cosas que pueda empezar a tachar y luego dejar que el resto se desarrolle, pero también podría soñar con tener una criada en el piso de arriba y otra en el de abajo si por casualidad visita la casa de un rico y dice: "Vaya, esa es mi vida. Voy a ponerlo en mi lista". El tipo tiene una limusina y un chófer y usted dice: "Vaya, algún día eso será para mí", y más tarde dice: "No, este asunto de la limusina y el chófer, eso no es para mí". Pero deje que le inspire mientras tanto. ¿Por qué no? Aunque cambie de opinión y deseche ese objetivo, póngase otro.

Uno de mis amigos me llevó en su Learjet de San José a Van Nuys, cerca de mi casa. Pensé: *"Vaya, estaría bien tener un avión así"*. Pero luego pensé: *Sólo caben cuatro o cinco personas. Es demasiado pequeño"*. El amigo también tiene un helicóptero con capacidad para ocho pasajeros, un piloto, un copiloto y seis pasajeros. Es lo último en tecnología. *Vaya*, pensé. *Pero ¿realmente necesito un helicóptero? La verdad es que no*.

Entonces pensé que me gustaría vivir en una mansión y tener todas las cosas que riman con ella, pero cuando visité a alguien que tiene la mansión y la seguridad y los criados y los jardineros, toda la casa me pareció un caos. Tomamos una taza de café y cuando casi había terminado de beberlo, alguien vino y se lo llevó. Con mi temperamento y mi estilo, llegué a la conclusión de *que este no era mi estilo de vida. Quiero vivir una vida más sencilla*. Pero para otra persona, una casa llena de sirvientes y seguridad y todo el séquito, eso es para ellos.

Está bien soñar, y también está bien cambiar de opinión. Tener mi línea de pesca en un tranquilo arroyo de Montana encaja un poco mejor con mi estilo. Así que, dese la oportunidad de pasar del lujo a la sencillez, lo que sea. Pero al principio, deje que su mente sueñe: *¿No sería estupendo tener esto y* *aquello?* Haga una lista de todas esas cosas, deje que le sirva, aunque por el camino lo cambie todo o tire la mayor parte.

En el momento álgido de mis seminarios de donaciones, tenía 13 oficinas en ciudades de California. Tony Robbins dirigió una de mis oficinas, empezó a trabajar para mí cuando tenía 17 años, dirigió una de mis oficinas cuando tenía 20 años. Yo presentaba un seminario en cada ciudad, en 13 ciudades al mes. Tenía un elaborado séquito. Fue una época emocionante e increíble en mi vida.

Un día decidí: *"Algún día no tendré oficina, no tendré secretaria, seré libre"*. Y efectivamente, ese día llegó. La gente me pregunta ahora, "¿Cuál es tu dirección de correo electrónico?" Y yo respondo: "No tengo". Tengo un sitio web que gestiona otra persona, pero realmente he simplificado mi vida. Una empresa con la que hago muchos negocios en todo el mundo me preguntó: "¿Quieres una oficina?". Le dije: "No". Me dijo: "¿Quieres una secretaria?". Le dije: "No".

Entonces dije una vez: "Sí, voy a tener una conexión por satélite y voy a poner un fax en mi autocaravana para poder estar en contacto, pero fuera de alcance. Quiero que alguien me diga: 'Sí, puedes contactar con él, pero no podrás encontrarle durante un tiempo. No se ha ido para siempre, pero se ha ido por un tiempo'".

Busco la soledad y la posibilidad de evadirme. Mi granja de Idaho, con vistas al río Snake es un lugar estupendo para alejarme y dedicarme a la agricultura y construir algunas casas, un pequeño cambio de ritmo respecto a volar por todo el mundo para dar conferencias. Es emocionante para mí; pero por ahora no tengo oficina ni secretaria ni dirección de correo electrónico. He conseguido escapar de casi todo. A veces hay que tomar decisiones duras y rápidas.

Me he esforzado mucho por predicar con el ejemplo y simplificar mi vida, ampliando al mismo tiempo las oportunidades de mayor éxito, riqueza y felicidad. Es posible. El éxito puede ser sencillo.

HERENCIAS

El siguiente es el resumen de uno de mis discursos clásicos, "Hoy soy un hombre rico". En él, descubrirá que el camino hacia la verdadera riqueza puede encontrarse en varias cosas sencillas que todo el mundo posee, pero que con demasiada frecuencia da por sentadas.

Aunque digo que soy un hombre rico, este discurso no tiene mucho que ver con el dinero, aunque sí soy muy rico. Siga leyendo.

SOY RICO POR HERENCIA FAMILIAR.

Por mis padres y mis abuelos. Mi abuela estudió nutrición y se lo transmitió a mi madre. En aquellos tiempos en que mi madre estudiaba y practicaba la buena nutrición, la llamaban "loca de la salud" por estudiar los beneficios de las vitaminas. Mamá solía mezclar algunas de estas cosas para mí y papá y decía: «Si esto no nos mata, creo que nos ayudará», mientras nos tragábamos estas cosas.

Gracias a la práctica y al estudio de una mejor nutrición, su médico le dijo que había alargado su vida al menos 20 años. Le dijo: "Cuando tu madre murió, las paredes de su corazón eran de papel. Cómo ha vivido estos últimos 20 años es incomprensible". Le hablé del compromiso de mamá con la nutrición sana, las vitaminas y los zumos. Mi padre vivió hasta los 93 años y nunca tuvo una enfermedad grave. Yo tampoco la he tenido nunca y eso se lo he transmitido a mis hijos, mis nietos.

Mi herencia familiar. ¿Cuánto vale eso? Vale una fortuna. Contemple de vez en cuando sus bendiciones, y parte de sus bendiciones es su herencia.

SOY RICO GRACIAS A MI HERENCIA CAMPESINA.

Los que venimos de países libres podemos emprender para empezar con un dólar y hacer una fortuna, incluso hacernos millonarios. ¿Qué valor tiene ese patrimonio? No tiene precio. Disfrutamos del beneficio de tribunales de justicia que no establecimos. Disfrutamos del beneficio de leyes que no creamos. Disfrutamos del beneficio de instituciones de enseñanza que no fundamos. Disfrutamos del beneficio de una medicina que no descubrimos. La historia del patrimonio es un regalo en muchos sentidos.

SOY RICO GRACIAS A MIS EXPERIENCIAS.

La experiencia le hace rico. Debe tratar sus experiencias como mercancías de alto valor, como capital para poder invertir en el futuro, del que ha aprendido a lo largo del libro. Mis experiencias me han llevado por todo el mundo. Por ejemplo, el año pasado un grupo se reunió para celebrar mi cumpleaños. Fue una de las experiencias más increíbles de mi vida. Estábamos en Italia y me dieron una vuelta en helicóptero por Sorento, Nápoles, el Vesubio, la isla de Capri y Pompeya desde el aire. Vaya. He disfrutado de experiencias extraordinarias.

SOY RICO GRACIAS A MIS AMIGOS.

La amistad es una de las mayores riquezas. Esas personas maravillosas que lo saben todo de usted y aun así le quieren. Amigos. Acabo de perder a un amigo; David murió hace unos tres años. Es el que mencioné en un capítulo anterior. El que dije que, si estuviera atrapado en una cárcel extranjera acusado indebidamente, si me permitieran una llamada telefónica, habría llamado a David. ¿Por qué iba a llamarle? Él vendría y me rescataría. Fin de la historia. A ese es a quien llama amigo. Alguien que vendría a buscarte.

SOY RICO GRACIAS A LO QUE HE APRENDIDO.

Soy rico gracias a lo que la gente me ha enseñado, a los Earl Shoaffs del mundo y a otras personas que han contribuido a mi descubrimiento intelectual, que me han ayudado a perfeccionar el camino que sigo para gozar de buena salud, prosperidad y todas las cosas valiosas. No podemos poner precio al libro de alguien o a la conversación de alguien que aumentó sus conocimientos. Alguien que le da sabiduría cuando más la necesita, cuando no se le ocurren las ideas, cuando su cabeza está tan nublada, tal vez con desesperación y las nubes de la dificultad rondan cerca, es cuando necesita a alguien que le susurre al oído información valiosa que le ayude a sobrevivir y luego a triunfar.

¿Cuánto vale ese conocimiento? No se le puede poner precio. ¿Cuánto vale un seminario? No se le puede poner precio. El coste real de un seminario paga las luces y la sala y a alguien como yo que viene a hablar y al personal y todas las demás cosas, pero el precio del conocimiento y de la gente que conoce no se puede calcular.

No se puede poner precio a las ideas. Sería imposible. Si leyera un libro que le evita un infarto, ¿cuánto valdría? Alguien dice: "19,95 dólares". Yo digo: "No, no. Eso es lo que cuesta el libro. Eso es lo que cuesta la portada y la tinta y las páginas y las palabras y hacértelo llegar y los intermediarios y todo lo demás. Esos son los 20 dólares. Las ideas no se pagan. Son gratis".

Lo más importante que he aprendido es que nunca debe envidiar el dinero que gasta en su educación personal. Si sigue desarrollando su mente y su percepción y su conciencia y su capacidad de descubrir, la fortuna, la salud y la promesa, la buena relación familiar y la amistad son suyas. Todo es suyo. Si sigue acelerando su educación, es la mejor manera de invertir su dinero: en su autoeducación personal.

SOY RICO POR MI FUTURO.

No se puede creer la cantidad de gente que me pregunta: "Jim Rohn, ¿qué quiere hacer en el futuro? Tiene la riqueza y los recursos para hacer lo que quiera. ¿Qué quiere hacer?" ¿Sabe lo increíble que es esa pregunta? Mi futuro es mío para crearlo, ¡gracias al día que dio un giro mi vida!

SOY RICO GRACIAS A EXPERIENCIAS AMOROSAS ÚNICAS.

Le hablé de Judy. Fue una experiencia única para mí, incluso cuando nos separamos. Sus dos hijos, que heredé como hijastros, forman ahora parte de mi familia; mis dos hijas y estos dos hijos están muy unidos. El ex marido de Judy y yo somos mejores amigos. Eso es algo único. Pero fue una de las grandes experiencias de mi vida. Una gran parte de lo que soy hoy vino de esa experiencia única de una relación amorosa, inigualable.

11

VAMOS JUNTOS

La afirmación "Vamos a hacerlo" es infinitamente más poderosa que "Voy a hacerlo". Verdaderamente, nadie es una isla. Todos somos interdependientes, y podemos aumentar drásticamente nuestras posibilidades de transformación personal utilizando la sabiduría y la orientación de otros que han recorrido el camino antes que nosotros.

En eso consiste el concepto de mentor. Dado que los mentores desempeñaron un papel tan importante en el día en que mi vida dio un vuelco, este capítulo trata de mis principales mentores y de las increíbles cualidades personales que poseen. Estas ideas pueden serle útiles cuando busques a su propio mentor o cuando sirva de mentor a otros.

LOS MENTORES Y SU INFLUENCIA

No buscaba un mentor, pero me cayó uno encima. Un amigo me dijo: "Tienes que conocer a un tipo para el que trabajo, Earl Shoaff. Es rico, pero es fácil hablar con él. Tiene una filosofía única de la vida y los negocios". Le dije: "Está bien. Sí, lo conoceré". Lo conocí y me invitó a unirme a él en su negocio y se convirtió en mi mentor.

Enseguida tuve la sensación de que se alegraba tanto del éxito de los demás como del suyo propio. Eso me llamó la atención de inmediato. Y tenía la capacidad de mirar al futuro y ver las posibilidades que yo no podía ver. No recuerdo cuántas veces me dijo: "Confía en mí. Te lo digo, confía en mí. Así es como irá si te mantienes firme y lo haces bien". Eso fue una gran tutoría.

Luego estaba Bill Bailey. Habíamos estado asociados en negocios y proyectos durante muchos, muchos años. Bill es único en el sentido de que puede leer un libro de 200 páginas en unos 20 minutos, y luego hablarte del libro, haciéndolo más interesante que si lo leyera usted mismo. Sus experiencias vitales abarcan desde la interpretación de Shakespeare hasta una carrera en el boxeo, pasando por su estancia en la Marina y una carrera empresarial de riqueza y productividad: es uno de esos personajes más grandes que la vida. He tenido la suerte de conocerle todos estos años.

Una noche, mientras tomábamos la segunda botella de vino en nuestra granja de cabras de Kentucky, donde trabajamos juntos, Bill y yo nos pusimos elocuentes. Es un gran conversador. Yo le hago una pregunta y él plantea posibilidades que a mí no se me habían ocurrido. Y estoy seguro de que yo hago lo mismo por él. Es genial tener ese tipo de intercambio, en el que te preguntas cosas juntos. "Esto podría ser una posibilidad. Esto podría ser una respuesta. ¿Quién sabe?" También ha escrito poesía que es única, y sus estudios y sus conceptos son valiosos para mí. Pero lo mejor de todo es simplemente la amistad, la posibilidad de reunirnos. No sólo compartir ideas, sino disfrutar de experiencias vitales únicas.

Mis padres fueron mis únicos mentores. Mi padre destacaba por su filosofía. Decía: "Haz siempre más de lo que te pagan para invertir en tu futuro". Ese es un buen seminario en sí mismo. Mi madre era más lectora y erudita, y me enseñó bien, me dio una gran base. Principalmente, me dieron un gran lugar para vivir y aprender y crecer. Y siempre tuve la sensación de que cuando saliera de casa, pasara lo que pasara, siempre podría volver a casa. Así que si en el mundo las cosas no iban como yo quería, mi actitud era: "Más vale que me traten bien. Puedo irme a casa. Quién necesita esto". No es por ser arrogante, pero tenía la valiente confianza de que no importaba cómo salieran las cosas, si salían bien o salían mal, mi madre y mi padre me recibirían en casa.

La relación de mis padres era realmente especial; fue genial entre ellos durante más de 65 años de matrimonio. Me dieron una increíble sensación de seguridad y cariño. Que lo hiciera bien o mal, o algo intermedio, realmente no importaba. El hogar siempre fue un lugar donde podía descansar y pensar las cosas, resolverlas y luego volver y conquistar el resto del mundo. Ver lo que puedo hacer. No hay mejor sensación de seguridad que esa.

Mis padres ya han fallecido, pero su persistente influencia en mis años de crecimiento, además de la seguridad, la tranquilidad y la sensación de refugio frente a un mundo ajetreado, me dieron un gran comienzo en la vida. Y saber que me querían de verdad cuando era rica y cuando era pobre, arruinada, luchadora, y cuando me iba bien. Disfrutaban de mi éxito, de los aplausos y de las experiencias de ser reconocido.

Me gustaría que todos tuvieran la misma experiencia. Así que aconsejo a los padres, en la medida de mis posibilidades, que proporcionen ese tipo de seguridad y marco a sus hijos. Que se sientan cómodos, aunque den un paso en falso, crucen la línea, se metan en líos, al revés. Si un niño se mete en líos, ¿adivináis a quién quiere llamar? A su madre. Piensan: *"Ella vendrá a buscarme". Puede que papá le diga al sheriff: "Pues déjelo en la cárcel toda la noche para que aprenda la lección". Pero no mamá. No. Si ella está ahí, vendrá a buscarme.*

LA PERFECCIÓN ESTÁ SOBREVALORADA

A menudo, el concepto de mentor se asocia erróneamente con la perfección. La gente busca al individuo perfecto con pocos defectos de carácter, si es que tiene alguno, para que sea su mentor. Como resultado de esta expectativa poco realista, una persona puede verse continuamente defraudada por la persona que antes admiraba. Te aconsejo que abandones la búsqueda irrealista de la perfección en un mentor y, en su lugar, aprendas tanto de sus puntos fuertes como de sus debilidades.

Es difícil encontrar un mentor que reúna exactamente todas las cualidades que buscas. Si quieres a alguien que te sirva de mentor en salud, espiritualidad, negocios, carrera y relaciones, es dudoso que lo encuentres todo en un solo paquete, en una sola persona. Pero el genio viene a veces en paquetes extraños, junto con su idiosincrasia. Si viviéramos en la época de algunos de los genios del pasado, nos sorprenderíamos, sin duda. Puede que fuera imposible vivir con Leonardo da Vinci. Pero era un genio increíble.

Así que a veces hay que mirar más allá de la idiosincrasia y los defectos, y no tanto al extraño paquete en el que viene un mentor, apreciar a la persona y lo que puede aportar al camino de su vida. A menos que sea totalmente intolerable, claro.

Esté preparado para tolerar las incoherencias de personas notables que tienen mucho que compartir. Por ejemplo, mi amigo y mentor, Earl Shoaff. Bebía champán todos los días y fumaba Camel. No era un fumador empedernido, pero casi, cuando los paquetes no decían: "Estas cosas te matarán". Así que fumaba sus Camel y bebía su champán, y en esas elecciones calculó mal. A pesar de toda su sabiduría y singularidad, no tenía ni idea de que le iban a matar.

A los 49 años, sus errores de cálculo también me enseñaron a mí. Mire el conjunto de la vida y asegúrese de que no está un poco desilusionado por algo que algún día puede acortarle la vida, o hundirle, o arruinar su empresa, o desenganchar su matrimonio, o lo que sea. No deje de mirarlo todo. El descuido y la despreocupación a veces crean víctimas, tanto en la autopista como en los negocios. El matrimonio, la amistad.

Frase clave:
el descuido y la imprudencia pueden causar víctimas.

Mi consejo de dar empezó hace tiempo, cuando dije: "Sé un estudiante, no un seguidor". En uno de mis seminarios dije: "No busco discípulos". No busco seguidores. Sólo quiero encontrar gente que quiera compartir buenas ideas, reunirse, dejarme compartir mis experiencias y ver si es valioso.

Personalmente, nunca me enamoraría tanto de alguien como para hacer de él un ídolo y convertirme en discípulo. No lo haría. En el lado radical, esta relación puede causar problemas, incluso la muerte. Podrías acabar en un incendio en Waco, Texas, como David Koresh y sus seguidores. Ese es el extremo radical. Utiliza a un mentor no como un ídolo o un héroe, sino como una fuente de información importante. Y si afortunadamente, como yo, se convierten en buenos amigos, eso es una ventaja añadida.

HABILIDADES DE TUTORÍA

Hay habilidades específicas que desarrollé para ser mentor de otros y consecuentemente llegar a ser exitoso en mi negocio de mercadeo en red. Puede utilizar la siguiente información para guiar a una persona o a un equipo a niveles de éxito extraordinarios de los que nunca pensaron que eran capaces.

Estas habilidades y el desarrollo de una nueva filosofía de vida cambiaron mi vida para siempre.

La primera habilidad que aprendí y que cambió mi vida fue cómo conseguir un cliente y hacer una venta. Cuando comparte un producto, habla de sus méritos, persuade a alguien de que es el mejor y acepta comprarlo: ese es el sencillo arte de las ventas. No estamos hablando de conocimientos técnicos de naves espaciales de gran potencia. Se trata simplemente de compartir algo que ha descubierto con otra persona y hacerlo lo suficientemente bien como para que acepte participar.

Cuando aprendí a vender, mis ingresos se multiplicaron por cinco. No me costó mucho porque no me iba tan bien en el campo, pero multiplicó mis ingresos por cinco. Las ventas, conseguir clientes, sentar esa increíble base para una carrera empresarial fue el comienzo. Ahora tenía dos habilidades: ordeñar vacas y vender.

La siguiente habilidad que aprendí y que me cambió para siempre fue el reclutamiento: presentar la oportunidad de negocio a nuevas personas. Aprender a hacer una buena invitación. Aprender a hacer dos tipos de presentaciones, formales e informales. Y la tercera parte del reclutamiento, por supuesto, es el seguimiento.

Cuando empieza una nueva vida, tiene que cuidar de ella, como una madre primeriza cuida de su bebé. No empieza una nueva vida y luego la abandona. No. Empieza una nueva vida y la nutre como una madre, y la protege como un padre. Hay que ser madre y padre a la vez para un nuevo recluta. El alimento, las ideas y la protección ayudan a defender su nueva vida contra la invasión de voces negativas externas.

PATROCINIO

En este arte del reclutamiento, llamamos seguimiento a ser padrino, que es como ser un puente. Está ayudando a alguien a pasar de la oscuridad a la luz, del escepticismo a la fe, del no saber al saber, de no tener confianza en sí mismo a ganar confianza. Es el puente que ayuda a la gente a salir de las sombras a la luz del sol.

Ser patrocinador es uno de los puestos más emocionantes que se pueden ocupar en toda la industria del marketing de redes, es el puente. Ayudar a la gente a cruzar el puente del desánimo al reconocimiento, de eso se trata el reclutamiento. Usted tiene las respuestas que ellos han estado buscando. Usted ve algo en ellos antes de que ellos puedan verlo en sí mismos. Les asegura que es posible ser más de lo que son, por lo tanto, pueden ganar más y tener más.

Creo que es una de las grandes artes del mundo, y esto es lo emocionante de este arte: paga mucho dinero, porque ahora se maneja una filosofía única enseñada por primera vez en la Biblia. La pregunta fue: "¿Cómo podemos alcanzar la grandeza?" Gran riqueza, gran poder, gran influencia, gran reconocimiento, gran autoestima. "¿Cómo podemos alcanzar la grandeza?", se le preguntó al maestro. Y Él reveló Su fórmula para alcanzar la grandeza personal, diciendo: "Encuentra una manera de servir a los muchos, porque el servicio a los muchos conduce a la grandeza", para aquellos que están interesados. Algunos no están interesados. Pero para los que lo están, el servicio a muchos conduce a la grandeza.

Alguien dice: "Bueno, lo mejor que puedo hacer es cuidar de mí mismo". Lo cual está bien, pero no conduce a la grandeza. Otra persona dice: "Ya tengo suficientes facturas propias. No puedo preocuparme por las facturas de los demás". Eso también está bien, pero no conduce a la grandeza. La grandeza es ayudar a la gente a pagar sus facturas, y usted se olvidas de las suyas, porque si ayuda a suficiente gente a pagar las suyas, las suyas desaparecen. Si ayuda a la gente con problemas, sus problemas desaparecen. La clave de la grandeza, enseñó el maestro, es encontrar un camino. Ahora, a mucha gente le gustaría servir a mucha gente, pero no tienen cómo, y lo fascinante de usted y de su negocio es que ahora tiene cómo hacerlo.

USTED DECIDE

Utilizarlo o no depende de usted. Si lo canjea o no, depende de usted. Que gane una fortuna o sólo un poco, todo depende de usted. Es el mismo marketing, el mismo producto, el mismo todo para todos. El sistema de marketing es el mismo. La diferencia es la filosofía de cada persona y la ambición individual de cada persona.

Sean cuales sean sus ambiciones, ahora dispone de los medios para servir a tanta gente como desee, esto es lo emocionante del reclutamiento. Ahora que está involucrado, puede afectar directa e indirectamente a las vidas de docenas, cientos, e incluso miles de personas. Y la paga aumenta en consecuencia. Si afecta a unos pocos, gana ese sueldo. Si afecta a muchos, ganas ese sueldo. Pero el secreto se encuentra en la Biblia: el servicio a muchos conduce a la grandeza.

El Presidente John F. Kennedy dijo en su discurso inaugural, en esencia: "No preguntes lo que la gente puede hacer por ti. No preguntéis qué puede hacer el país por vosotros. No preguntéis qué puede hacer el gobierno por vosotros. Preguntad más bien qué podéis hacer vosotros por los demás y por vuestro país". Pregúntese: *¿Qué puedo hacer yo por la gente? ¿Puedo ganar trofeos, reconocimiento, autoestima sirviendo a la gente? ¿Servir a la gente me dará la oportunidad de hacer fortuna? ¿Podría servir directa e indirectamente a* *muchas personas de mi país?* Si sigue la filosofía y los pasos que se dan en este libro, la respuesta es sí.

DELE A LA GENTE LO QUE QUIERE

Zig Ziglar y yo somos buenos amigos desde hace muchos años. Zig dijo: "El dinero no lo es todo, pero está a la altura del oxígeno". Zig tiene razón. Zig también dijo: "Mi dentista me dijo: 'Zig, sólo usa hilo dental en los dientes que quieras conservar. Olvídate del resto'". Pero Zig es famoso por esta afirmación filosófica que va de la mano con la Biblia y John Kennedy: "Si ayudas a suficientes personas a conseguir lo que quieren, puedes tener todo lo que quieras".

Querer todo lo que uno quiere se llama interés propio. Pero está bien tener interés propio si lo hace de forma positiva. Puede lograr todo eso, reclutando. Yo lo aprendí y me hizo ganar fortunas, así que ahora tengo tres habilidades: ordeñar vacas, hacer ventas y reclutar.

Otra habilidad que aprendí fue la organización, hacer que la gente trabaje junta. Una vez que tiene unas cuantas personas a las que orientar, haga que trabajen juntas. Conseguir que la gente trabaje junta es mágico. Sí, también es un reto. Si reúne a varios miembros de su familia, conseguir que trabajen juntos es un reto, pero también es emocionante. Conseguir que marido y mujer trabajen juntos es un reto, pero cuando ocurre es mágico. Una vez que te plantea el reto y va por ello, las piezas encajan.

Permítanme decirles lo maravilloso que es cuando la gente trabaja unida. Permítanme citar de nuevo la Biblia. Dice: "Si dos o tres se ponen de acuerdo en un propósito común, nada es imposible". Pruébate eso para tu tamaño mental. Todo el mundo busca un reto. Esto es lo que enseño a adultos y niños. El mejor reto del mundo: *Vamos a hacerlo*. No tú. Vamos a hacerlo. Si dos o tres nos decidimos por un propósito común, nada es imposible. Trabajando juntos, organizándonos.

Cuando los individuos son independientes, es un poco más difícil. Cada uno tiene sus propias opiniones, sus propias ambiciones y deseos. Es un reto. Pero eso es lo que hace la vida, la variedad, la diversidad de ideas y enfoques y personalidades.

Sin embargo, conseguir que las personas trabajen juntas puede ser como arrear gatos. Las ovejas son fáciles de pastorear, pero intente arrear gatos... Sin embargo, cuando consigue que funcione y las personas combinan sus atributos para obtener un resultado positivo y unido, el poder es tan inmenso que le sorprenderá el éxito que todos experimentan.

Uno de los poderes del trabajo conjunto son los testimonios compartidos. Cuando la gente comparte sus testimonios de éxito, los demás se sienten poderosamente motivados.

La siguiente habilidad que aprendí fue a recompensar a la gente por sus progresos. Recompensar a la gente por sus pequeños progresos les da una sensación de logro. A veces basta con un apretón de manos, una palmada en la espalda, un comentario personal: "Mary, estás haciendo un trabajo fabuloso". Averigüe cómo hacer que la gente dé el siguiente paso y luego el siguiente hacia el ascenso. Ínsteles a hacer lo que normalmente no harían por sí mismos. La gente hará cosas únicas si se le anima lo suficiente. Quizá todo lo que haya que decir es: "María, si haces esto y esto, entonces...". Ella dice: "Vaya, lo haré". Quizá no se le hubiera ocurrido a ella sola.

Luego está el ingenio. Las ventas son representar un producto único, y conseguir clientes, reclutar distribuidores, y promocionar, y todas estas cosas. El ingenio es encontrar una manera mejor, si no funciona de esta manera, trabajaremos de otra manera. Usé mi ingenio e hice una fortuna. Mi ingenio funcionó para idear campañas únicas a lo largo de cada año.

Frase clave:
Todo el mundo necesita pertenecer a algo más grande que él mismo.

Por ejemplo, mi ingenio creó la campaña "semana/mes del maestro de escuela". Elegía una categoría o carrera y decía: "Vamos a por ello". Y no importa lo que sea, basta con idear algo para que tus reclutas tengan un objetivo que perseguir y no sólo sus propias búsquedas. Frase clave, todos necesitamos pertenecer a algo más grande que nosotros mismos. Como mentores, proporcionamos inspiración para lo que es más grande, y lo más grande nos proporciona inspiración a nosotros. Yo aprendí a promocionarme y me pagaron mucho dinero. Usted también puede.

La comunicación fue la siguiente habilidad aprendida. La comunicación incluye cómo dirigir una reunión. Aprendí identificación, lógica y razón, ataque y confesión, solución: aspectos sencillos de la comunicación. Al principio no me resultó fácil. Me levanté para hacer mi primera presentación y mi mente se volvió a sentar. ¿Ha pasado alguna vez por ese tipo de experiencia? Abrí la boca y no salió nada durante un rato, pero esto es lo que hice: volví a hacerlo. No me rendí. Me levanté una y otra vez y di cada presentación hasta que me sentí cómodo haciéndolo. Ese es el secreto de cómo he llegado hasta aquí 40 años después. Lo hice una vez y fue incómodo. Esa primera presentación fue pésima, pero lo volví a hacer, y lo volví a hacer, y lo volví a hacer, y lo volví a hacer.

Recuerdo la primera vez que decidí ser un poco más animado y alejarme del podio para ser más agradable y conectar más con el público. Así que salí, y luego pensé, *¿Cómo vuelvo ahora? Dios, me estanqué.* ¿Recuerda esos momentos, haciendo algo por primera vez? Pero se aprende rápido en este negocio. Un tipo se levanta para dar su primer testimonio, y está tan nervioso que olvida su propio nombre. Sin embargo, 30 días más tarde, quiere dar un testimonio de tres horas y casi que hay que obligarlo a que abandone el escenario.

Aprenda a comunicarse bien, a influir en la gente con las palabras. Es el mejor arte del mundo para aprender. Frase clave, no sea perezoso con su lenguaje. Cuando aprende a usar el don del lenguaje sabiamente, puede hacerle ganar una fortuna y construir una vida increíble.

Frase clave: utilice el don del lenguaje con sabiduría.

Otra habilidad es formar a la gente sobre cómo funciona la empresa. Enseñar a la gente cómo funciona el negocio. Enseñar cómo funciona la vida. Para tener éxito en el siglo XXI, todos necesitamos habilidades empresariales y habilidades vitales. Las habilidades para la vida son habilidades de liderazgo y aprender a fijar objetivos.

La habilidad definitiva que hay que aprender es la capacidad de inspirar. Inspirar a la gente puede transformar tu vida y la de quien quiera escucharte. Inspirar significa ayudar a las personas a mirar un poco más alto de donde están y desear llegar hasta allí: inspirarlas para que crean que es posible. Inspiramos con nuestro propio testimonio: "Si yo puedo hacerlo, tú puedes". También inspiramos compartiendo los testimonios de otras personas. "Si ellos pueden hacerlo, María, tú puedes hacerlo". Conseguir que la gente se vea mejor de lo que es. Conseguir que la gente se vea más rica de lo que es. Conseguir que la gente se vea más capaz el año que viene de lo que es este año. Conseguir que se vean a sí mismos en el futuro.

Para ayudar tanto a sus hijos como a su gente, aprenda a ayudar a las personas a verse tal y como son. Si las personas han cometido errores, tienen que saberlo. No pueden seguir cometiendo errores y esperar conseguir logros. Hay que corregir los errores. Tiene que corregir a su gente y a sus hijos. Ayúdeles a verse tal y como son. Si meten la pata, dígales: "Has metido la pata, así que el siguiente paso es que...".

Algunos padres dicen a sus hijos que han metido la pata y luego los dejan en el lío. No. Los padres tienen que decir algo como: "Has metido la pata, pero esto es en lo que podrías convertirte con sólo un par de cambios en tu (actitud...)". Debemos ayudar a nuestros hijos a verse como son, pero aquí está el mayor regalo: ayudar a nuestros hijos a verse mejor de lo que son. Transportarlos no sólo a ver sus errores, sino transportarlos más allá de sus errores hacia el futuro, a ver su oportunidad, a ver la persona en la que pueden convertirse.

Mi mentor me hizo el gran regalo de ayudarme a verme mejor de lo que era. Al principio me costó verlo, pero luego empecé a creer, y así es como he llegado hasta aquí hoy. Me dijo:

—Uno de estos días, Sr. Rohn, entrará en una habitación llena de gente y oirá a algunos de ellos decir: 'Es él'. Ese es el hombre famoso del que oí hablar.

—Eso nunca podría pasarme a mí—contesté.

—Confíe en mí. Si sigue trabajando duro en las disciplinas como lo está haciendo ahora, eso ocurrirá. Entrará en una sala llena de gente y alguien dirá: 'Es él. Ese es el hombre famoso del que oí hablar'.

Él lo vio, e intentó que yo lo viera. Y ahora, finalmente, ha sucedido. Creo que cuando entré aquí hoy, oí a alguien decir:

«Es él, es famoso». Sucedió para mí. Y si puede pasarme a mí, puede pasarle a usted. Sólo tiene que dominar la habilidad de inspirar.

12

HABILIDADES DE LIDERAZGO PARA EL SIGLO 21

Hemos llegado al capítulo final de nuestro viaje y, en muchos sentidos, hemos completado el círculo de este libro, *El día que cambia su vida*. Gran parte del contenido se ha centrado en desarrollar las habilidades y los marcos filosóficos para hacer realidad sus sueños.

Pero, paradójicamente, en el proceso de dar un giro a cualquier área de su vida, se produce un proceso dramático, casi místico. Llegará a ser tan hábil, eficaz, persuasivo, inspirador y seguro de sí mismo que será llamado a servir a los demás de maneras que apenas puede imaginar.

El día que cambia su vida contendrá en su interior las semillas que engendrarán el cambio de vida de muchos otros a su alcance. Esto mismo me ocurrió a mí a los 25 años, me puse a trabajar duro en mí mismo y ahora tengo la suerte de ayudar a otros a hacer lo mismo.

Ahora usted también puede aprender esas lecciones de liderazgo para poder llevar la antorcha del cambio de vida a sus seres queridos.

Primera lección de liderazgo: Para atraer a gente atractiva, hay que ser atractivo. En este contexto, ser "atractivo" no significa apariencia física, sino atraer la atención de alguien por un atributo o rasgo de carácter. En primer lugar, es una buena idea reflexionar: *¿Qué me convertiría en una persona atractiva?* Sugiero que sería atractivo como resultado de un refinamiento de la filosofía, de modo que realmente entienda la vida y el desafío lo mejor que pueda. Su filosofía sobre el mercado y la política y el gobierno y su ética de trabajo, su filosofía de los valores y las contribuciones y la filosofía que entiende que cada uno de nosotros necesitamos a todos, y todos necesitamos a cada uno. Cada valor es importante.

El milagro de los Estados Unidos de América son todos los dones que han estado llegando durante los últimos 400 años, especialmente los últimos 200 años. Ningún país en los últimos 6,000 años ha recibido tantos regalos de los ciudadanos del mundo como América en los últimos 200 años. No ha habido nada igual en la historia registrada. Tantos regalos de todo el mundo depositados en un solo país.

Mis abuelos procedían de Odesa, Rusia, y se instalaron en un lugar de la parte central del estado de Washington, en Estados Unidos, donde se asentaron muchos alemanes. Lo llamaron Odessa, Washington, en honor a Odesa, Ucrania. Mi abuelo sirvió en el ejército del zar y tenían un trato basado en tu conducta, obtenías ciertos puntos. Si un soldado acumulaba suficientes puntos, podía poner su nombre en una lotería. Mi abuelo acumuló suficientes puntos y participó en la lotería. ¿Adivina qué les pasaba a los que ganaban estas loterías que celebraban de vez en cuando? El soldado podía recoger a su familia e irse a Estados Unidos. ¡Mi abuelo ganó una de estas loterías! Él, su único hijo y su esposa se mudaron a América. Odessa, Washington. Y mi padre nació en Odessa, Washington. Interesante.

Los dones que tenemos viviendo en este país se multiplican por millones. Ha venido gente de todo el mundo, y no han venido con las manos vacías. Trajeron sus recetas. Trajeron la ética del trabajo. Trajeron el don de la lengua. Trajeron el don de la ley. Trajeron el don de la música, el don de la medicina, el don de la curación. Los Estados Unidos de América son una maravillosa mezcla de todos los dones del mundo. Las corrientes étnicas que han fluido por aquí nos han hecho grandes. En algunas partes del mundo se producen limpiezas étnicas. ¿Por dónde íbamos a empezar aquí, en este país tan diverso nuestro? Es una asombrosa y rica mezcla de culturas, religiones, etnias y mucho más. Tenemos que participar de los dones que tiene Estados Unidos.

Frase clave: el liderazgo significa ser algo más que un mediocre.

Lo que más me gusta es visitar las tierras de donde proceden estos dones. Me encanta ir a Italia, y me encanta ir a Polonia, y me encanta ir a Checoslovaquia, y me encanta ir a Israel, y me encanta ir a todos los lugares del mundo para ver de dónde vino América, y los dones que trajeron aquí me ayudaron a desarrollar los míos, y ahora llevo algunos de mis dones de vuelta a su lugar de origen. ¿Se imagina la sensación de hacer una contribución transcontinental? Porque ellos vinieron aquí, ahora yo voy allí. Es algo grande para un granjero de Idaho.

Para atraer a gente atractiva a trabajar con usted, debe ser atractivo. Trabaje duro en sí mismo. El liderazgo es realmente el reto de ser mejor que mediocre, mejor que la media, el paso extra. No sólo estar por encima desde el punto de vista del ego, sino estar por encima para poder ayudar a los demás. Alguien dijo que, para elevar a alguien, hay que estar en un terreno más alto. Qué cierto es eso.

El reto del liderazgo para ser algo más que regular o mediocre, tiene estos componentes:

- *Aprenda a ser fuerte pero no grosero*. Fuerza, la necesitamos. La grosería, no la necesitamos. Aquí es donde es importante aprender las gracias, no sólo las habilidades.

- *Sea amable pero no débil*. A veces es fácil confundir debilidad con amabilidad, pero no es cierto. La amabilidad es una fuerza poderosa, pero no dejes que tu amabilidad se convierta en debilidad.

- *Sea audaz, pero no un matón*. Necesitamos audacia. Intimidación, no necesitamos. Arrojar peso, no necesitamos. Tratar de impresionar, no necesitamos. Expresar si, pero impresionar, no.

- *Sea reflexivo, pero no perezoso.* Soñar, pero no convertirse simplemente en un soñador. Pensar, pero no convertirse sólo en un pensador. Tener una filosofía, pero no convertirse en un simple filósofo. Sé que me llaman El Gran Filósofo de los Negocios, lo cual, me gusta el título. Está bien. Pero mi filosofía dice, anótalo, resultados es el nombre del juego. El nombre del juego no es filosofía. La filosofía es sólo una herramienta útil para ponerte en el buen camino para que dentro de un año estés en un lugar mejor de lo que estarías en el camino anterior. Quizá establezca un nuevo rumbo para su salud, para su familia, para su futuro, su actividad, su productividad, y su espiritualidad, y todo el resto de buenos valores. Así pues, sea reflexivo pero no perezoso.

- *Sea orgulloso, pero no arrogante. Orgullo,* necesitamos. Orgullo de equipo, orgullo de comunidad, orgullo de estado, orgullo de país, orgullo personal y orgullo familiar. Pero no arrogancia. No deje que su orgullo se convierta en arrogancia.

- *Sea humilde, pero no tímido.* Algunas personas confunden la timidez con la humildad, pero la humildad es una virtud. La timidez es una enfermedad, un mal que puede corregirse. Puede aprender a llevar su timidez a un rincón tan pequeño que no moleste al resto de la casa. Sea sofisticado. No cuesta mucho aprender y practicar el arte de la sofisticación.

- *Tenga sentido del humor sin excesos.* El humor tiene su lugar, pero no cruce la línea que lo convierte en locura. Está bien ser ingenioso, pero no tonto. Si quiere liderar como padre, como gerente, y como empresario, si quieres liderar como líder comunitario, como senador como una persona importante de influencia y poder, ingenioso, sí. Tonto, no.

Todo líder debe comprender la ley de los promedios para poder utilizarla en su beneficio y en el de su empresa, en cualquier cosa en la que esté involucrado. La ley de los promedios dice que, si hace algo con la frecuencia suficiente, obtiene una proporción de resultados, y cualquiera puede crear esta proporción. En béisbol, lo llamamos simplemente promedio de bateo. Si batea 10 veces y consigue un hit, decimos que batea 100. Y 3 hits de 10, está bateando 300. No tiene que ser perfecto al batear. Hoy en día, si batea 250 o 300, puede ganar 4 o 5 millones de dólares al año.

En ventas, eso es todo lo que tiene que hacer. No necesita batear 1.000, no necesita batear perfecto. Puede conseguir muchos "no", pero los "sí" pueden hacerle rico, así que no se preocupe por los "no". Concéntrese en los síes que le hacen rico. Clave: una vez que empieza la proporción, tiende a continuar. Si consigue 1 sí de cada 10 presentaciones, lo más probable es que si da 10 presentaciones más, consiga otro. 10 más, obtendrá otro. A continuación, se puede mejorar la proporción. La cuarta vez que habla con 10 personas, obtiene 2 en lugar de 1, ahora está empezando a crecer.

También debemos entender la proporción y la ley de los promedios a la hora de abordar todos los proyectos relativos a los seres humanos. He aquí la simple proporción: todo es una pirámide, y la razón es que todos los seres humanos son diferentes en temperamento, deseo y fijación de objetivos. Si vamos a la universidad y contamos el número de estudiantes de primer año, y contamos el número de estudiantes de segundo año. ¿Hay el mismo número de estudiantes de segundo que de primero? No. ¿Tantos en secundaria como magistrado? No. ¿Tantos estudiantes de último curso como de primero? No. Alguien puede decir: "Bueno, ¿no deberíamos arreglar esto?". No. Así son las cosas. Todo el mundo es diferente, todo el mundo tiene diferentes ambiciones. No es una cuestión moral. La vida pasa factura inevitablemente en la universidad y en la empresa.

Cada ser humano tiene una visión diferente de su propio futuro. Algunas personas están dispuestas a conformarse con más seguridad que riesgo. Es más seguro ser empleado que empresario. No es una cuestión moral entre ser un empleado y un empresario, suele ser una cuestión de temperamento. Y a veces hay que tener cuidado con lo que se enseña en masa, porque hay tanta variedad de personalidades. Cada uno debe hacer lo mejor que pueda en función de dónde quiera estar. A veces la gente se queda mucho tiempo en la clase de primer año, y de repente deciden crecer. Se gradúan, se convierten en empresarios y bendicen el mundo. Quién sabe cuándo ocurrirán esas cosas.

SIGA APRENDIENDO

Solía esperar que todo el mundo tuviera la misma motivación. Esperaba que todos quisieran tener mucho éxito. Solía decir: "Voy a cambiar a esta gente, aunque muera en el intento". Casi me muero. No puede cambiar a la gente a menos que quieran ser cambiados. Aprenderá pronto a no enviar patos a la escuela de águilas. No es una cuestión de moralidad o de degradación, es sólo que cada uno tiene su propia definición de éxito y compromiso. Nuestro mejor estímulo es que haga lo mejor que pueda y siga aprendiendo sobre cómo piensa su gente y qué le motiva. Hágalo lo mejor que pueda.

Uno de los descubrimientos más sorprendentes que he hecho es que las personas de medios modestos pueden llegar a ser sofisticadas. Aprender sofisticación y practicarla no es caro. ¿Cuánto cuesta un libro sobre la sofisticación única para bendecir su vida? $30? No son 3.000 dólares, ni son 30.000 dólares. ¿Cuánto cuesta una tarjeta de biblioteca? Es gratis. El estudio y la práctica de la sofisticación están al alcance de todos, independientemente de su situación económica. Sepan que la riqueza no garantiza la sofisticación. La riqueza no garantiza las gracias.

Conozco a un tipo rico. Es un torpe. Come con el codo en la sopa y es un vago. Su dinero no ha hecho nada por él en términos de sofisticación y singularidad, y sin embargo alguien con medios muy modestos puede ser muy sofisticado. Conocen las gracias. Viven una vida única, aunque tengan medios modestos. Es interesante. Dejemos que cada uno haga lo que quiera, pero animemos a todos a hacerlo mejor. Pero que la gente se entretenga si quiere entretenerse. Que crezcan si quieren crecer. Ayúdales a cambiar si quieren cambiar.

Otra habilidad de liderazgo que hay que poner en práctica es *trabajar con las personas que se lo merecen, no con las que lo necesitan.* Debemos actuar como actúa la vida. La vida no fue diseñada para darnos lo que necesitamos. La vida fue diseñada para darnos lo que merecemos, y si tiene personas con las que trabajar, trabaje con las que se lo merecen.

La siguiente habilidad que es muy importante que un líder y un directivo comprendan es *enseñar a la gente a merecer tu tiempo.* Enseñe a la gente a merecer su ayuda. Por ejemplo, diga: "John, si haces esto y esto, yo haré todo esto. Y si tú haces eso, y eso, y eso, yo haré todo esto. Le encontraré a más de la mitad del camino, pero tiene que venir hacia la parte de la mitad del camino, y probablemente, ya que estoy tan ansioso por trabajar con usted, si empieza a dar estos pasos, probablemente le alcanzaré más de la mitad". Los líderes aprenden a no llegar hasta el final sólo por necesidad, a menos que haya que rescatar a alguien, o a menos que la situación esté fuera de control y no haya otro camino.

Luego, los líderes no esperan que un peral dé manzanas. Yo solía intentar cambiarlo todo. Puedes colgar manzanas en un peral, pero le digo que no servirá de nada. Puede poner un cartel: "Esto es un manzano". Seguro que, llegada la temporada, aparecen las peras. Esto es lo que he aprendido. No puede cambiar a las personas, pero ellas pueden cambiarse a sí mismas.

El capital de su empresa no es lo que importa, no es el dinero lo que te compra un futuro, son sus habilidades las que le compran un futuro. Si tiene dinero pero no tiene habilidades seguirá siendo pobre. Con dinero y sin ambición, ¿dónde está? Con dinero y sin coraje, está arruinado. Un poco de dinero y mucho coraje, eso es todo lo que necesita.

En mis tiempos de reclutador, cuando buscaba gente, el dinero no importaba. Lo que me importaba era la voluntad, el ingenio y las ganas de alguien de intentarlo. Si tenían un dólar para invertir, eso era suficiente para mí. Un dólar y algo de ambición, y puedo mostrarle cómo hacerse rico, y será una de las historias clásicas de la empresa.

Cuando voy a reclutar a alguien y me dice: "No tengo dinero", le digo: "Llevo seis meses buscándote. Déjame enseñarte cómo hacerlo sin dinero, porque estas son las reglas del capitalismo: puedes comprar y vender, o si estás en ciertas circunstancias, puedes vender y comprar. Si tienes ambición. Si no tienes ambición, no podemos curar eso, y el dinero no curará la falta de ambición, pero si tienes un dólar y algo de ambición, te mostraré cómo hacerte rico. E incluso si no tienes un dólar, te mostraré cómo hacerte rico, porque puedes vender y comprar".

Todo líder debe entender la historia de la rana y el escorpión, que representa el bien y el mal. Tanto los adultos como los niños deben estudiar la historia de la rana y el escorpión. La historia cuenta que el escorpión y la rana aparecieron en la orilla del río casi al mismo tiempo, y la rana estaba a punto de saltar al río y nadar hasta la otra orilla. Pero antes de que la rana saltara, el escorpión se acerca y le dice: "Señor rana, quiero llegar a la otra orilla del río. Soy un escorpión y no sé nadar. ¿Sería tan amable de dejarme subir a su espalda, y usted cruzar a nado el río y depositarme en la otra orilla?".

La rana miró al escorpión y dijo: "No, no te ayudaré, porque los escorpiones pican a las ranas y las matan. Saldría contigo a cuestas y a medio camino, me picarías y me ahogaría".

Y el escorpión dice: "Oye, con tu cerebro de rana, no piensas. Si te picara ahí a mitad del río, sí, morirías, pero yo también. No me interesa suicidarme. Quiero llegar al otro lado, por favor".

La rana dice: "Vale, tiene sentido. Súbete".

El escorpión se sube a la espalda de la rana y cruza el río. A mitad de camino, el escorpión pica a la rana. Ambos están ahora en el agua a punto de sumergirse por tercera vez. La rana no puede creer lo que ha pasado y le dice al escorpión: "¿Por qué has hecho eso? Estoy a punto de ahogarme, pero tú también. ¿Por qué has hecho eso?".

Y el escorpión dice: "Porque soy un escorpión".

Hay que entender la historia de la rana y el escorpión, que nos lleva a comprender la naturaleza humana.

Esto es lo que dijo el profeta: "Cuidado con las zorras pequeñas que se comen las viñas". Miras las viñas y todo parece estar bien. Miras un poco más de cerca y ves que las pequeñas zorras han estado ocupadas, y pronto no tendrás viña. No puedes entretenerte con el mal en ningún aspecto.

Si piensa que un poco de aquello y un poco de lo otro no hará ningún daño, deje le digo que con un poco empieza el proceso. Incluso con algunas personas productivas, le iría mejor sin ellas porque pueden ser el escorpión. Debe hacer el trabajo de padre, el protector, y el trabajo de madre para nutrir. La batalla siempre está abierta, y debe ser sabio. Tenga cuidado con lo que siembra, porque el lado malo de la vida cosecha el torbellino.

Escribí este libro para invertir un pedazo de mi vida en sus vidas, y espero que ocurra un milagro. Y espero que se multiplique, y se multiplique, y se multiplique. No se sabe hasta dónde estas ideas, las notas que han tomado, pueden extenderse y extenderse y extenderse de una generación a la siguiente, a la siguiente. ¡Es tan fantástico de comprender! Pero a veces cuando siembra, no cosecha. Debes estar preparado para eso. De vez en cuando, las cosas se ponen patas arriba o puede que la economía vaya en picada. De vez en cuando, no funciona. Pero permítanme recordarles algo sumamente importante: que cuando la oportunidad llame a la puerta, aprovechen la oportunidad. Siempre tenemos otra oportunidad, como seres humanos, de participar en el proceso milagroso de ayudar a cambiar la vida de alguien. Rescatar a alguien del olvido. Construya una organización inigualable, de modo que su nombre aparezca en el testimonio de muchas personas.

Como ha tomado notas, ha completado el taller y ha leído todos los capítulos de este libro, tiene todo lo que necesita para dar un giro a su vida. Le animo a dar los siguientes pasos para vivir la vida que sueña.

Empiece hoy mismo.

CONCLUSIÓN

¿Qué quieres realmente de la vida? Es una gran pregunta. En muchos sentidos, es una pregunta muy personal. Pero a la hora de la verdad, por muy diferentes que seamos, lo que buscamos en la vida es esencialmente lo mismo. Quieres ser feliz. Quieres sentirte bien. Quieres disfrutar del tiempo que te han dado. Quieres un trabajo que te guste de verdad. Quieres que las relaciones en tu vida sean sanas, enriquecedoras y maravillosas. Quieres tener dinero suficiente para no tener que preocuparte por el dinero. Quieres desarrollar las habilidades necesarias para hacer algo significativo con tu vida. Algo que contribuya al mundo de forma positiva y que llene tu sentido de propósito. Al leyendo este libro, has descubierto que sí existe información para ayudarte a ser hábil en un área de tu vida.

Ahora puede obtener la información necesaria para convertirse en un experto en absolutamente todo. Incluso tu espiritualidad puede fortalecerse desarrollando las habilidades adecuadas. Y las habilidades, sencillamente, son el secreto del éxito. Pregunte a cualquiera que haya alcanzado sus sueños. Te dirán que las habilidades son la clave. Mucha gente nunca aprende este tipo de habilidades para la vida porque no se enseñan en la escuela. Tienes que salir y adquirirlas por tu cuenta. ¿Pero adónde vas? El hecho de que estés leyendo este libro significa que ya has recorrido parte del camino. ¿Por qué no llegar hasta el final?

ACERCA DE JIM ROHN

(1930-2009)

Durante más de 40 años, Jim Rohn perfeccionó su oficio como un artista experto, ayudando a personas de todo el mundo a esculpir estrategias de vida que ampliaran su imaginación de lo que es posible. Quienes tuvieron el privilegio de oírle hablar pueden dar fe de la elegancia y el sentido común de su material.

No es casualidad que siga siendo considerado uno de los pensadores más influyentes de nuestro tiempo y que muchos lo consideren un tesoro nacional. Es autor de numerosos libros y programas de audio y vídeo, y ayudó a motivar y formar a toda una generación de entrenadores de desarrollo personal y a cientos de ejecutivos de las principales empresas de Estados Unidos.

¡ GRACIAS POR LEER ESTE LIBRO!

Si alguna información le resultó útil, tómese unos minutos y deje una reseña en la plataforma de venta de libros de su elección.

¡REGALO DE BONIFICACIÓN!

No olvides suscribirte para probar nuestro boletín de noticias y obtener tu libro electrónico gratuito de desarrollo personal aquí:

soundwisdom.com/español